职业教育汽车类专业一体化系列教材

汽车底盘检测与维修一体化教程

主　编　覃　波　符丙青
副主编　吴东财　杨子安　唐湘萍
参　编　梁泽鑫　季京蓉　韦海琦　杨春艳　禹定才
主　审　黄　志

机械工业出版社

本书根据职业院校汽车运用与维修专业人才培养方案和课程标准、国家职业技能标准、汽车维修工四级标准中的汽车底盘检测与维修典型工作任务，结合现代职业教育的特点编写而成。

本书主要内容包括汽车传动系统检测与维修、汽车转向系统检测与维修、汽车行驶系统检测与维修、汽车制动系统检测与维修。

本书可作为职业院校汽车类专业教材，也可以作为职业技能培训用书，还可以作为汽车修理工和驾驶人的学习参考书。

为了便于学生自学和教师的教学，本书配有免费电子课件、习题答案。凡选用本书作为授课教材的教师，均可登录 www.cmpedu.com 以教师身份注册下载教学资源。

咨询电话：010-88379201。

图书在版编目（CIP）数据

汽车底盘检测与维修一体化教程/覃波，符丙青主编. —北京：机械工业出版社，2020.6（2024.6重印）

职业教育汽车类专业一体化系列教材

ISBN 978-7-111-65328-8

Ⅰ.①汽… Ⅱ.①覃…②符… Ⅲ.①汽车-底盘-车辆检修-职业教育-教材 Ⅳ.①U472.41

中国版本图书馆CIP数据核字（2020）第061305号

机械工业出版社（北京市百万庄大街22号　邮政编码100037）
策划编辑：于志伟　　责任编辑：于志伟
责任校对：陈　越　　封面设计：张　静
责任印制：常天培
河北泓景印刷有限公司印刷
2024年6月第1版第6次印刷
184mm×260mm・13.25印张・328千字
标准书号：ISBN 978-7-111-65328-8
定价：42.00元

电话服务　　　　　　　　网络服务
客服电话：010-88361066　　机　工　官　网：www.cmpbook.com
　　　　　010-88379833　　机　工　官　博：weibo.com/cmp1952
　　　　　010-68326294　　金　书　网：www.golden-book.com
封底无防伪标均为盗版　　　机工教育服务网：www.cmpedu.com

前 言

本书是依据职业院校汽车运用与维修专业人才培养方案和课程标准、国家职业技能标准、汽车维修工四级标准的技能要求和企业岗位能力要求,通过与行业、企业专家一起详细分析汽车底盘检测与维修实际工作过程,梳理、归纳出典型的学习性工作任务17个,并以此为基础编写的。

本书具有以下特点:

1. 设计思路清晰。本书的具体框架为:任务描述—学习目标—学习重点—学习难点—知识准备—信息收集—制订计划—实施计划—检查与考评—评价反馈—知识巩固。在教学中以情境教学为依托,以企业工作流程为基线,以培养操作技能和培养职业素养为核心,基于工作过程的一体化教学模式,组织学生通过完成每一个具体的工作任务来学习相关的知识,培养相应的职业能力,充分体现现代教学中"以学生为中心"的特点。在任务描述中,引导学生用眼、耳和大脑进行综合判断和分析,明确课程任务;制订计划环节充分考虑学生的自身特点,注重培养团队合作、语言表达等能力,难易适中;计划实施环节详细具体,每一步都有据可循,力求规范严谨。

2. 知识体系科学。教材主要内容涵盖汽车底盘的传动系统、转向系统、行驶系统和制动系统四大系统中常见的检测维修项目,检测方法和流程严格遵守汽车制造厂提供的汽车维修资料,培养学生严谨的作业态度,达到举一反三的效果。

3. 课程资源丰富。教材提供免费课程资源包,以方便教师教学,并配备丰富的课后知识巩固以及答案。书中图文并茂,将操作步骤通过图片更加生动、形象地展示出来,以方便教师的教学和加深学生对相关知识的理解。

4. 教学评价完整。本书结合教学实际情况,采用过程评价和结果评价相结合,通过"考核评分记录表"对学生的操作技能进行量化的评分,通过自我评价、小组评价和教师评价对学生的职业素养进行评价,评价结果真实且可操作性强,有利于学生在学习过程中做到自我反思和进步。

参加本书编写的人员都来自教学一线,他们都具有丰富的教学及汽修实践经验。在编写过程中,本书注重"以职业活动为导向,以能力为本位,以学生为中心"的理念,真正将一体化教学环节落地,充分体现出一体化教学的优势。

本书由覃波、符丙青担任主编,吴东财、杨子安、唐湘萍担任副主编,参加编写的还有梁泽鑫、季京蓉、韦海琦、杨春艳、禹定才,全书由黄志主审。

由于编者水平和经验有限,书中难免有错误和不妥之处,敬请广大读者批评指正,以便修订时加以完善。

编 者

目 录

前言
项目一　汽车传动系统检测与维修 ·· 1
　　任务一　离合器的检测与维修 ··· 2
　　任务二　手动变速器的检测与维修 ··· 17
　　任务三　万向传动装置的检测与维修 ·· 34
　　任务四　主减速器及差速器的检测与维修 ··································· 49

项目二　汽车转向系统检测与维修 ·· 63
　　任务一　转向传动机构的检查与更换 ·· 64
　　任务二　转向器的检查与更换 ··· 77

项目三　汽车行驶系统检测与维修 ·· 91
　　任务一　车轮的拆装与换位 ·· 92
　　任务二　减振器的检查与更换 ··· 103
　　任务三　四轮定位的检测与调整 ·· 115
　　任务四　车轮动平衡的检查与调整 ··· 128
　　任务五　空气悬架的检测与维修 ·· 141
　　任务六　轮胎胎压传感器的检测与更换 ···································· 150

项目四　汽车制动系统检测与维修 ·· 159
　　任务一　盘式制动器的检测与维修 ··· 160
　　任务二　鼓式制动器的检测与维修 ··· 172
　　任务三　驻车制动装置的检查与维修 ······································· 182
　　任务四　制动系统的维护 ·· 190
　　任务五　ABS 传感器的检测与更换 ·· 199

参考文献 ·· 208

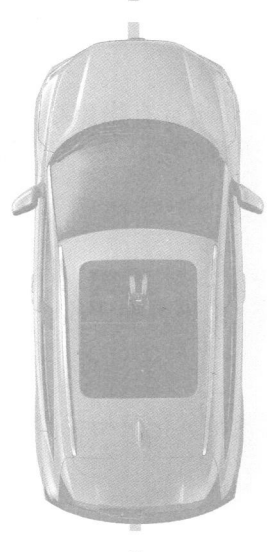

项目一

汽车传动系统检测与维修

本项目主要学习汽车传动系统零部件检测与维修的内容，其目的是让学生深入了解汽车传动系统的作用、结构及工作原理，让学生能正确进行汽车传动系统零部件的检测与维修作业，为后续汽车传动系统故障诊断与排除的学习奠定良好基础。

本项目包括以下学习任务：

任务一　离合器的检测与维修

任务二　手动变速器的检测与维修

任务三　万向传动装置的检测与维修

任务四　主减速器及差速器的检测与维修

任务一
离合器的检测与维修

【任务描述】

一辆五菱宏光轿车，加速上坡时无力并发出"嚓、嚓"摩擦异响且有烧焦味，在平坦道路行驶时，故障不明显。经维修技师检查，发现是离合器打滑所引起的故障。为了排除故障需要对离合器进行检测与维修。

【学习目标】

1. 能根据维修工单，明确任务内容与要求，并能与组员沟通，合理分配任务；
2. 能叙述离合器的作用、结构和工作原理；
3. 能叙述离合器的动力传动路线；
4. 能准确查阅维修手册，确定离合器相关检测内容、流程与规范，记录相关信息；
5. 能正确选择和使用工具、量具；
6. 能规范进行相应作业项目的自检，并填写作业表；
7. 能严格认真执行"6S"管理规定；
8. 能严格遵守职业道德，具备吃苦耐劳、爱岗敬业的工作态度和职业责任感。

【学习重点】

1. 汽车传动系统的结构，离合器的作用、结构和工作原理；
2. 离合器的拆装与检测。

【学习难点】

1. 离合器的工作原理；
2. 离合器的拆装、检测与维修。

【知识准备】

一、汽车底盘的组成和作用

汽车底盘由传动系统、行驶系统、转向系统和制动系统组成，如图1-1所示，其作用是接收发动机的动力，使汽车运动，保证汽车能按照驾驶人的操纵正常行驶。

二、汽车传动系统的组成和作用

1. 汽车传动系统的组成

汽车传动系统是发动机到驱动车轮之间所有动力传递装置的总称，其主要由离合器、变速器、万向传动装置和驱动桥等组成，如图1-2所示。

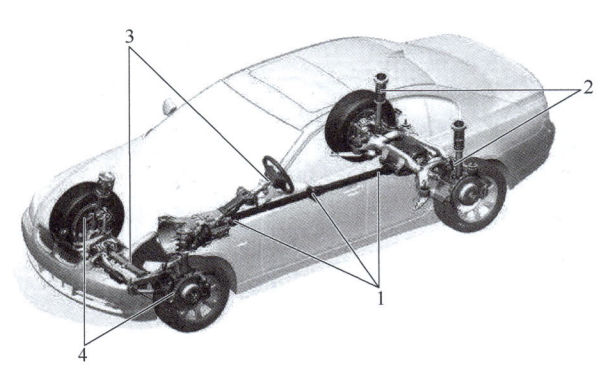

图1-1 汽车底盘的组成
1—传动系统 2—行驶系统
3—转向系统 4—制动系统

图1-2 汽车传动系统
1—发动机 2—离合器 3—万向传动装置
4—主减速器及差速器 5—变速器 6—驱动车轮

2. 汽车传动系统的作用

将发动机动力传递给驱动车轮，同时应保证汽车具有在各种行驶条件下所必需的牵引力、车速以及保证牵引力与车速之间协调变化等功能，使汽车具有良好的动力性和燃油经济性；还应保证汽车能倒车以及左、右驱动车轮能适应差速要求，并使动力传递能根据需要而平稳地接合或彻底、迅速地分离。

三、离合器的组成及作用

1. 摩擦片式离合器的组成

摩擦片式离合器主要由主动部分（飞轮、离合器盖、压盘）、从动部分（从动盘总成）、压紧机构（膜片弹簧）、操纵机构（离合器踏板、推杆、液压主缸、油管、液压分缸、分离叉、分离轴承、储液罐）四部分组成，如图1-3所示。

2. 离合器主要的作用

1) 暂时切断发动机的动力传递，保证变速器换档平顺。

2) 使发动机与传动系统逐渐接合，保证汽车平稳起步。

3) 限制发动机转矩的传递，防止传动系统过载。

图1-3 摩擦片式离合器的结构
1—飞轮 2—从动盘总成
3—离合器盖 4—膜片弹簧

四、离合器的工作原理

离合器的工作原理图如图1-4所示。当离合器盖未安装到飞轮上时，膜片弹簧不受力而处于自由状态，此时离合器盖与飞轮之间有一段距离S，如图1-4a所示。当离合器盖通过螺栓固定在飞轮上时，膜片弹簧在支承环处受压产生弹性变形，此时膜片弹簧的外圆周对压盘产生压紧力使离合器处于接合状态，如图1-4b所示。当踩下离合器踏板时，分离轴承推动膜片弹簧，使膜片弹簧以支承环为支点，外圆周向后翘起，通过分离钩拉动压盘向后移动，使离合器分离，如图1-4c所示。

驾驶人松开离合器踏板时，在回位弹簧的作用下踏板恢复到原位，同时带动推杆和分离轴承回位。当分离轴承与膜片弹簧之间出现预留间隙和膜片弹簧重新将压盘压紧在从动盘上之后，接合过程结束，离合器恢复传递动力功能。

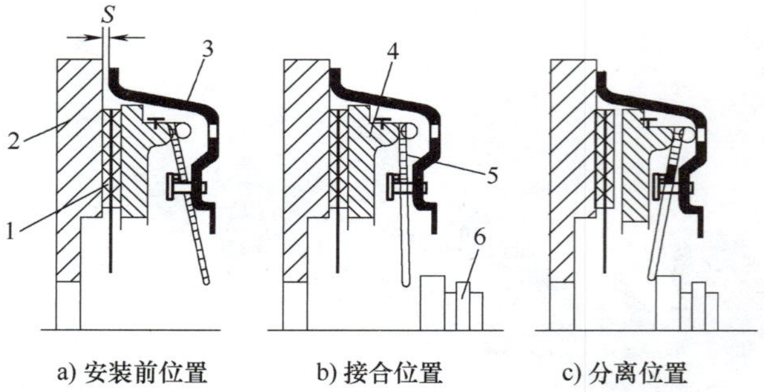

五、离合器操纵机构

离合器操纵机构的作用是接合和分离离合器。踩下离合器踏板时，离合器分离轴承推动膜片弹簧（或分离杠杆）使离合器分离。常见的离合器操纵机构有机械式和液压式。

液压式操纵机构是以油液为传力介质，摩擦力小，质量小，布置方便，接合柔和，不受车架或车身变形的影响，广泛应用于各种轿车上。液压操纵机构的结构如图1-5所示。

图1-4 离合器的工作原理图
1—从动盘 2—飞轮 3—离合器盖 4—压盘
5—膜片弹簧 6—分离轴承

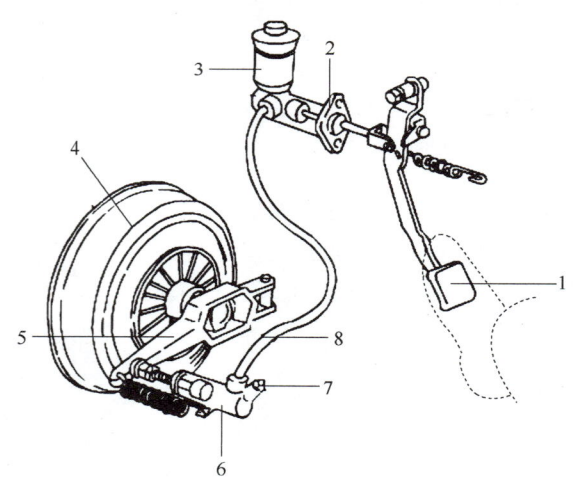

图1-5 液压操纵机构的结构
1—离合器踏板 2—离合器主缸 3—储液罐 4—离合器总成 5—分离叉
6—离合器工作缸 7—排气螺栓 8—油管

【信息收集】

一、现场感受任务描述中的情景，把观察到的现象用几个关键词写出来。

车型：＿＿＿＿＿＿＿＿＿＿＿＿＿＿＿＿＿＿＿＿＿＿＿＿＿＿＿＿＿＿

故障部位：＿＿＿＿＿＿＿＿＿＿＿＿＿＿＿＿＿＿＿＿＿＿＿＿＿＿＿

故障现象：＿＿＿＿＿＿＿＿＿＿＿＿＿＿＿＿＿＿＿＿＿＿＿＿＿＿＿

项目一 汽车传动系统检测与维修

二、我们的学习任务是什么？
_____
_____

三、汽车传动系统的组成包括什么？请同学们依据图1-6中的编号，写出汽车传动系统部件的名称。

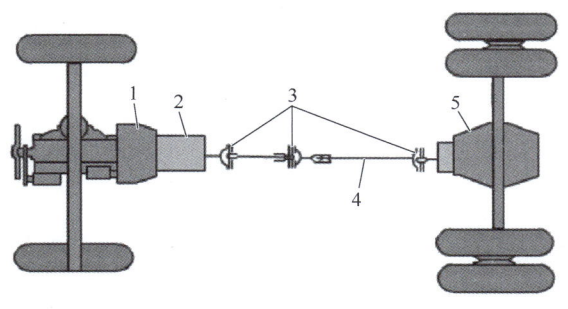

图1-6 汽车传动系统的结构

1：_____ 2：_____ 3：_____ 4：_____ 5：_____

四、汽车传动系统的作用是什么？
_____
_____
_____

五、离合器的作用是什么？
_____
_____
_____

六、认识离合器液压式操纵机构，并把图1-7中的编号填入表1-1相应的名称里。

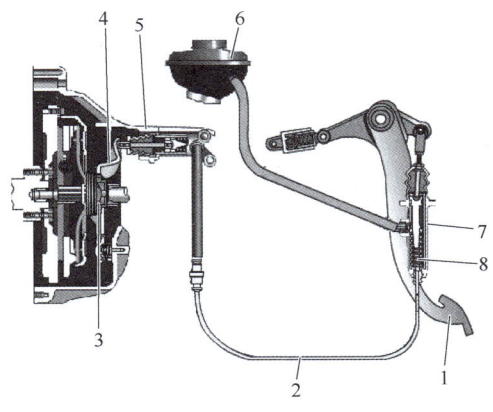

图1-7 液压式操纵机构

5

表1-1　液压式操纵机构零件名称

编　号	名　　称	编　号	名　称
	离合器踏板		油管
	离合器分离叉		储液室
	分离轴承		液压分缸
	推杆		液压主缸

七、根据图1-8离合器的结构，把图中的编号填入表1-2相应的名称里。

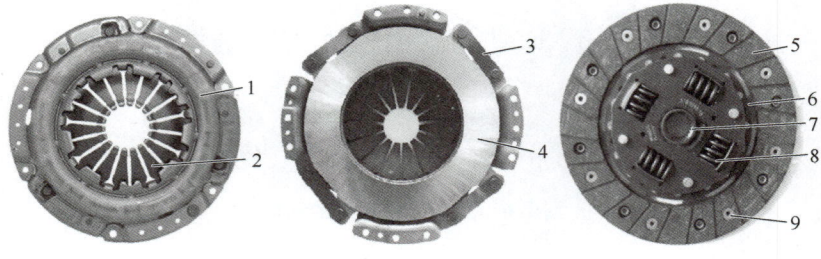

图1-8　离合器的结构

表1-2　离合器零件名称

编　号	名　　称	编　号	名　称
	离合器盖		从动盘铆钉
	离合器弹簧		减振弹簧
	传动片		花键
	压盘		从动盘钢片
	从动盘摩擦片		

八、描述离合器的工作原理。

1) 自由状态：

_____

_____

_____

2) 接合状态：

_____

_____

_____

项目一 汽车传动系统检测与维修

3）分离过程：

九、离合器的动力传动路线是怎样的？

【制订计划】

一、小组讨论，制订离合器检测与维修计划。
1. 制订离合器总成的拆装计划
1）离合器拆装方法：

2）离合器总成拆卸步骤：

3）离合器总成装配步骤：

2. 制订离合器的检测与维修计划
1）检测方法：

2）检测项目：

3）技术标准：

_____
_____
_____
_____
_____

二、小组讨论，选择离合器检测与维修可能用到的工具、量具，并在表1-3的选择项中打"√"。

表1-3 工具、量具对照表

序号	工具、量具名称	型号	数量	选	择
1	梅花扳手	12～14	2	□可能	□不可能
2	呆扳手	12～14	2	□可能	□不可能
3	扭力扳手	0～300	1	□可能	□不可能
4	棘轮扳手	中号	1	□可能	□不可能
5	套筒	12	1	□可能	□不可能
6	套筒	14	1	□可能	□不可能
7	套筒	17	1	□可能	□不可能
8	游标卡尺	0～150mm	1	□可能	□不可能
9	百分表	0～3	1	□可能	□不可能
10	其他（请填写具体名称）				

三、要完成本工作任务，必须遵守哪些注意事项，请在表1-4中相应的位置打"√"。

表1-4 注意事项表

注意事项	选	择
工具、量具整齐摆放不捆地	□是	□否
"零件、油、水"不落地	□是	□否
严格按照维修技术标准执行	□是	□否
严格按照要求规范操作设备	□是	□否
及时记录维修工作数据	□是	□否
维修工作完成后需要按照"6S"的要求恢复工位	□是	□否
其他		

项目一　汽车传动系统检测与维修

四、小组讨论，完成任务分工并填写表 1-5。

表 1-5　任务分工表

序号	组长	记录员	操作员	安全员	备注

【实施计划】

一、请结合本小组制订的计划，对离合器总成进行拆装，并完成相关信息的记录。

1. 拆卸离合器时，必须按照变速器部分所述的方法先卸下变速器。

　　完成情况：□是　　　　　□否

2. 拆卸_____前应做好记号，并用止动器 A 固定发动机飞轮，方法如图 1-9 所示。

　　完成情况：□是　　　　　□否

3. 拆卸离合器壳与飞轮固定螺栓时应_____分_____次拧松并取下固定螺栓。

　　完成情况：□是　　　　　□否

4. 取下离合器固定螺栓，整齐摆放在零件车上。

　　完成情况：□是　　　　　□否

5. 取下离合器总成和_____，并整齐放置在零件车上。

　　完成情况：□是　　　　　□否

6. 安装离合器时，注意对准拆卸时做的记号，用螺栓固定离合器_____盖和_____在发动机飞轮上。

　　完成情况：□是　　　　　□否

7. 安装_____和_____时必需使用专用工具（导轴），把它插入轴承里（模拟变速器输入轴），使摩擦片和压盘对准变速器输入轴，方法如图 1-10 所示。

　　完成情况：□是　　　　　□否

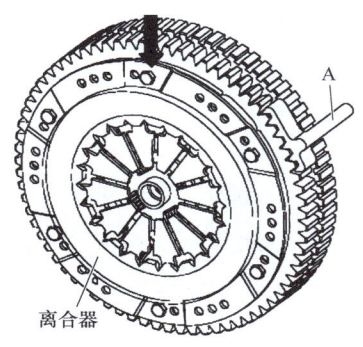

图 1-9　固定发动机飞轮

图 1-10　校对变速器输入轴孔

8. 使用工具紧固离合器盖固定螺栓，螺栓拧紧力矩为：_____ N·m。

9

完成情况：□是　　　　　　□否

9. 取下专用工具（导轴），放置于零件车上。

完成情况：□是　　　　　　□否

10. 按照变速器部分所述的方法装配变速器总成。

完成情况：□是　　　　　　□否

11. 在离合器拆卸作业时，工具是否整齐放回原位。

完成情况：□是　　　　　　□否

二、请结合本小组制订的检修计划，完成离合器零部件的检修作业，并完成相关信息记录。

1. 从动盘的检测

1）目视法检查离合器从动盘_____的表面状态，出现_____或光滑（像玻璃表面）的衬片使用 120~200 号的砂纸研磨就能修补，如图 1-11 所示。烧毁严重不能修理的，就要更换_____。

　　检查结果：_____
　　技术标准：_____
　　修理意见：_____

2）目视法检查_____花键毂扭转减振器弹簧折断、钢片与花键毂铆钉松动等现象，出现不能维修就更换_____。

　　检查结果：_____
　　技术标准：_____
　　修理意见：_____

3）测量_____的凹陷如图 1-12 所示，即铆钉头部和面片表面的距离（标准为_____mm），以检查面片的磨损。任何一个铆钉头的凹陷小于_____mm，就必须更换摩擦片。

图 1-11　研磨摩擦片表面 　　　　　图 1-12　从动盘铆钉头深度的测量

　　检查结果：_____
　　技术标准：_____

修理意见：_____

4）将摩擦片前后转动着装入变速器输入轴，以检查摩擦片与_____的啮转/分合间隙，如图1-13所示。如果间隙大于_____ mm，离合器每次啮合就会发出碰撞声，并且影响离合器顺利啮合，此时就必须更换_____。

检查结果：_____
技术标准：_____
修理意见：_____

2. 离合器压盘的检测

1）目视法检查压盘表面不应有明显的_____，其深度应小于_____ mm。轻微磨损可用_____修平。

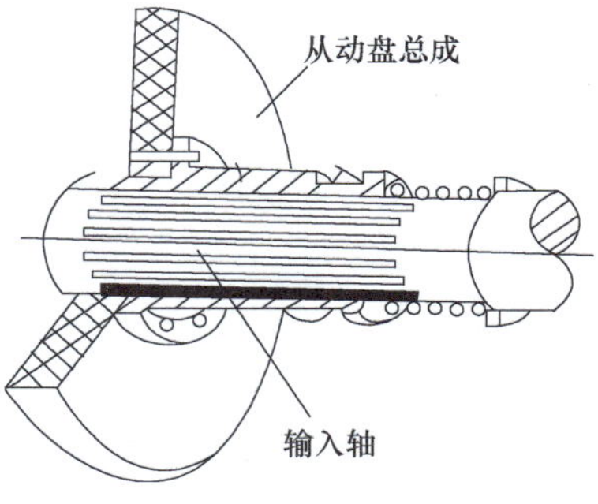

图1-13 从动盘花键啮合的检查

检查结果：_____
技术标准：_____
修理意见：_____

2）检测压盘平面度的方法如图1-14所示。用钢直尺压在_____上，然后用_____测量。离合器压盘平面度不应超过_____ mm。

压盘平面度或表面粗糙度超过要求可用平面磨床磨平或车床车平，但磨削、车削的厚度应小于_____ mm，否则应更换压盘。

检查结果：_____
技术标准：_____
修理意见：_____

3. 离合器膜片弹簧的检测

1）检测膜片弹簧的磨损程度如图1-15所示。用游标卡尺测量膜片弹簧与分离轴承接触部位磨损的深度和宽度，深度应小于_____ mm，宽度应小于_____ mm，否则应更换。

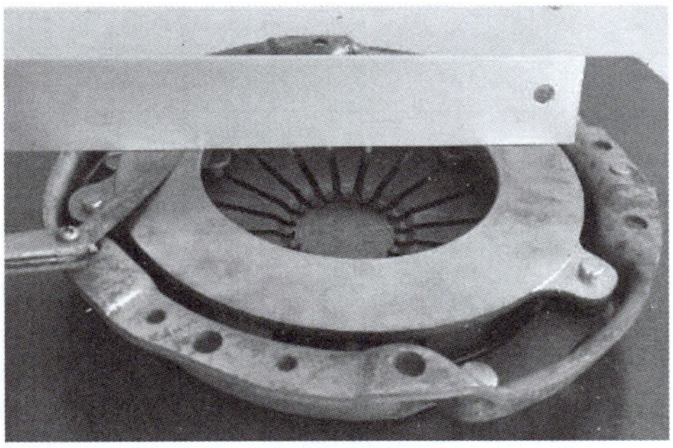

图1-14 检测压盘平面度的方法 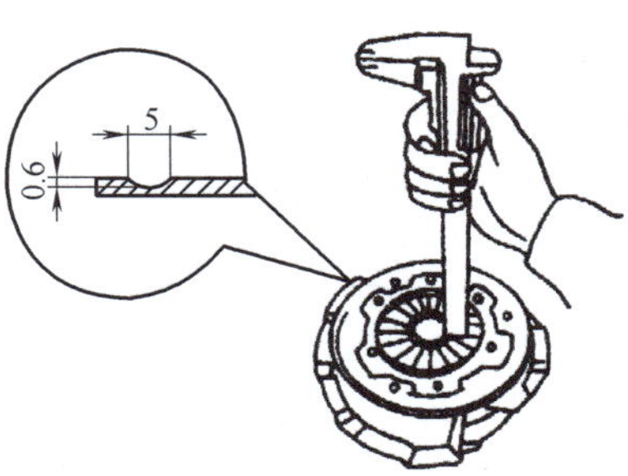　　图1-15 检测膜片弹簧的磨损程度

检查结果：_____
技术标准：_____

修理意见：_____

2）检查膜片弹簧的变形，用专用工具或分离轴承盖住弹簧分离指内端，然后用_____测量弹簧与专用工具或分离轴承之间的间隙，应不大于_____mm，否则更换膜片弹簧。

  检查结果：_____
  技术标准：_____
  修理意见：_____

4. 分离轴承的检查

用手固定分离轴承内圈，转动_____，旋转时发出异响，需要更换分离轴承。同时在轴向施加压力，如有_____或明显_____感时，应更换_____。检查方法如图 1-16 所示。

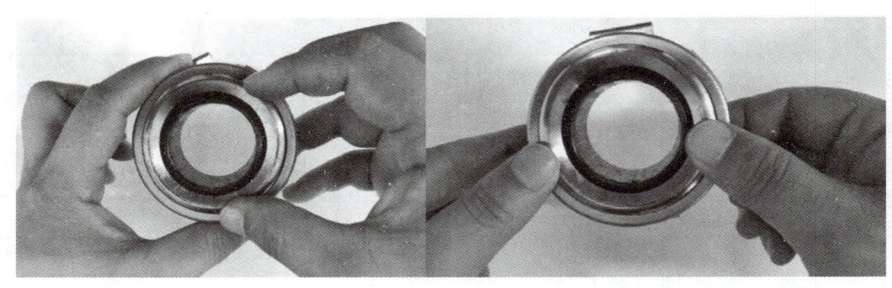

图 1-16   分离轴承的检查

  检查结果：_____
  技术标准：_____
  修理意见：_____

5. 飞轮的检查

1）目视法检查齿圈是否有_____或_____，检查飞轮端面是否有_____、沟槽、翘曲、_____等，如有应_____。

  检查结果：_____
  技术标准：_____
  修理意见：_____

2）检查飞轮上的轴承，用手转动轴承，如果有阻滞或明显间隙感，应更换_____。

  检查结果：_____
  技术标准：_____
  修理意见：_____

3）用百分表测量飞轮轴向的圆跳动量，飞轮轴向圆跳动量应小于_____mm。如果超过标准，应_____或更换飞轮。

  检查结果：_____
  技术标准：_____
  修理意见：_____

三、根据离合器零部件的检修及信息记录，汇总填写检测作业记录表1-6。

表1-6 离合器检测作业记录表

序号	检测项目	检测结果	技术标准	修理意见
1	检测离合器从动盘			
2	检测离合器压盘			
3	检测离合器膜片弹簧			
4	检测离合器分离轴承			
5	检测发动机飞轮和轴承			
6	分析离合器动力传动路线			

【检查与考评】

观察员根据操作员的工作过程评分，具体评分细则见表1-7。

表1-7 离合器检测考核评分记录表

姓名：_____ 班级：_____ 成绩：_____ 考核时间：30min

序号	考核内容	配分	评分标准	扣分	得分
1	正确使用工具、量具	10	使用不当酌情扣分		
2	正确拆卸离合器总成	10	拆卸错误每处扣2分		
3	检测离合器从动盘	5	检测方法错误扣2分		
			检测结果错误扣2分		
			修理意见错误扣1分		
4	检测离合器压盘	15	检测方法错误扣5分		
			检测结果错误扣5分		
			修理意见错误扣5分		
5	检测离合器膜片弹簧	15	检测方法错误扣5分		
			检测结果错误扣5分		
			修理意见错误扣5分		
6	检测离合器分离轴承	5	检测方法错误扣2分		
			检测结果错误扣2分		
			修理意见错误扣1分		

（续）

序号	考核内容	配分	评分标准	扣分	得分
7	检测发动机飞轮和轴承	10	检测方法错误扣4分		
			检测结果错误扣4分		
			修理意见错误扣2分		
8	装配离合器总成	10	装配错误每处扣2分		
9	离合器动力传动路线	10	表述错误每处扣2分		
10	遵守安全操作规程，工具、量具、零部件不落地，操作现场整洁	5	每项扣2分，扣完为止		
	安全用电、防火，无人身、设备事故	5	因违规操作发生重大人身或设备事故，此题按0分计		
11	分数总计	100			

【评价反馈】

一、自我评价

自我评价表见表1-8。

表1-8 自我评价表

我做得好的地方	我还存在这些方面的问题
□动作准确	□动作不到位
□工具使用规范	□工具使用不规范
□拆装步骤熟悉	□拆装步骤不熟悉
□检测步骤熟悉	□检测步骤不熟悉
□工具摆放整齐	□工具摆放不整齐
□操作用时合理	□操作用时过长
□工作态度端正	□工作态度不够端正

二、小组评价

小组评价表见表1-9。

表1-9 小组评价表

评价内容	评价结果	
是否做到小组全员参与	□是	□否
是否做到小组分工明确	□是	□否
是否做到小组工作高效	□是	□否
是否发挥小组长的作用	□是	□否
是否认真、合理讲述、展示计划	□是	□否
是否使用文明用语	□是	□否
是否完成工作页或数据记录	□是	□否
是否执行"6S"管理	□是	□否

项目一 汽车传动系统检测与维修

三、教师评价
教师评价表见表1-10。

表1-10 教师评价表

评价内容	评价指标	星级评定（在相应的等级打√）
活动态度方面	1）态度是否积极，是否主动组织或参与活动 2）与小组同学合作是否良好 3）活动是否认真、善始善终 4）是否勇于克服困难	□一级：☆☆☆☆ □二级：☆☆☆ □三级：☆☆ □四级：☆
知识技能方面	1）查阅资料技能 2）实地观察记录能力 3）调查研究能力 4）整理材料能力	□一级：☆☆☆☆ □二级：☆☆☆ □三级：☆☆ □四级：☆

【知识巩固】

一、填空题
1. 摩擦片式离合器由_____、_____、_____和操纵机构四部分组成。
2. 分离杠杆与分离轴承之间的间隙称为_____。
3. 离合器非自动式操纵机构包括_____、_____、_____三种。
4. 机械式离合器操纵机构有_____传动和_____传动两种。

二、选择题
1. 下列不属于汽车离合器部分的是（　　）。
   A. 分离轴承　　　B. 曲轴　　　C. 飞轮　　　D. 从动盘
2. 对离合器分离时的性能要求是（　　）。
   A. 平顺 柔和　　B. 迅速 彻底　　C. 不打滑　　D. 能传递最大扭矩
3. 车用离合器是利用飞轮、离合器片、压盘三者之间的（　　）来传递转矩的。
   A. 惯性力　　　B. 摩擦力　　　C. 轴向力　　　D. 切向力
4. 下列有关离合器的传动顺序正确的是（　　）。
   A. 飞轮→离合器壳→传动片→压盘→摩擦片→变速器输入轴
   B. 飞轮→压盘→离合器壳→离合器片→变速器输入轴
   C. 飞轮→离合器片→压盘→变速器输入轴
   D. 飞轮→离合器壳→离合器片→压盘→变速器输入轴
5. 离合器的主动部分包括（　　）。（多选）
   A. 飞轮　　　B. 离合器盖　　　C. 压盘　　　D. 摩擦片
6. 离合器的从动部分包括（　　）。
   A. 离合器盖　　B. 压盘　　　C. 从动盘　　　D. 压紧弹簧
7. 离合器从动盘的组成不包括（　　）。
   A. 从动盘本体　　B. 从动盘毂　　C. 压盘　　　D. 摩擦片
8. 离合器从动盘安装在（　　）上。
   A. 发动机曲轴　　B. 变速器输入轴　　C. 变速器输出轴　　D. 变速器中间轴

15

9. 离合器上安装扭转减振器是为了防止（　　）。
  A. 曲轴共振　　　　B. 传动系统共振　　C. 离合器共振
10. 汽车离合器安装于（　　）。
  A. 发动机与变速器之间　　　　　　B. 变速器与后驱动轴之间
  C. 带轮与变速器之间　　　　　　　D. 分动器与变速器之间

三、判断题
1. 随着从动盘磨损的增大，离合器踏板自由行程也会跟着变大。　　　　　　（　　）
2. 离合器接合时，压紧弹簧的变形量比分离时的变形量大。　　　　　　　　（　　）
3. 离合器从动盘翘曲，会引起起步和换档时车辆的发抖。　　　　　　　　　（　　）
4. 离合器从动盘摩擦片的磨损可以用游标卡尺测量铆钉头的深度来确定。　　（　　）
5. 离合器接合和分离时，压紧弹簧都处于压缩状态。　　　　　　　　　　　（　　）
6. 安装离合器时应注意原平衡片的位置。　　　　　　　　　　　　　　　　（　　）
7. 离合器踏板自由行程过大，离合器会打滑；自由行程过小，又会分离不彻底。（　　）
8. 为增大所能传递的最大转矩，离合器从动部分的转动惯量应尽可能大。　　（　　）
9. 离合器扭转减振器中的弹簧在汽车正常行驶时不受力。　　　　　　　　　（　　）
10. 离合器的主、从动部分常处于分离状态。　　　　　　　　　　　　　　（　　）

项目一 汽车传动系统检测与维修

任务二
手动变速器的检测与维修

【任务描述】

一辆五菱宏光轿车，在换档过程中变速器有异响，加速过程有发冲的现象，有时会脱档，经汽车维修技师初步检测为变速器机械故障，需拆解手动变速器进行检修。

【学习目标】

1. 能根据维修工单，明确任务内容与要求，并能与组员沟通，合理分配任务；
2. 能叙述变速器的作用、结构和类型；
3. 能叙述手动变速器的档位传动路线；
4. 能准确查阅维修手册，确定手动变速器的相关检测内容、流程与规范，记录相关信息；
5. 能正确选择和使用工具、量具；
6. 能规范进行相应作业项目的自检，并填写作业表；
7. 能严格认真执行"6S"管理规定；
8. 能严格遵守职业道德，具备吃苦耐劳、爱岗敬业的工作态度和职业责任感。

【学习重点】

1. 手动变速器的作用、结构、原理、档位传动路线；
2. 手动变速器的拆装与检测。

【学习难点】

1. 变速器的工作原理；
2. 变速器的拆装、检测与维修。

【知识准备】

一、变速器的作用

1）使汽车的牵引力和行驶速度必须能够在相当大的范围内变化，以满足汽车不同工况的要求。

2）发动机的旋转方向从前往后看为顺时针方向，且是不能改变的，为了实现汽车的倒车行驶功能，在变速器中设置了倒档。

3）变速器还要具有使动力与驱动轮脱离的功能，设置了空档，有利于发动机的起动、怠速、热机，便于换档、滑行、暂时停车等工况的使用。

二、变速器的分类

现代汽车上所采用的变速器有多种结构形式，一般按照传动比和操纵方式进行分类。

1. 按变速器传动比变化方式分类

变速器按照传动比变化方式可分为有级式、无级式和综合式三种。

（1）有级式变速器　有级式变速器采用3~5个前进档和一个倒档，每个档位对应一个传动比，如图1-17所示。重型汽车变速器的档位较多，可有8~20档位。

（2）无级式变速器　无级式变速器（CVT）如图1-18所示。它传动比的变化是连续的，目前的无级式变速器一般采用金属带传动，通过主、从动带轮直径的变化实现无级变速。

图1-17　有级式变速器

图1-18　无级式变速器

（3）综合式变速器　综合式变速器由液力变矩器和有级齿轮式变速器组成，如图1-19所示。综合式变速器是通过ECU控制实现自动换档，所以也把这种变速器称为自动变速器。

图1-19　综合式变速器

2. 按变速器的操纵方式分类

按照变速器操纵方式可分为手动变速器、自动变速器和手自一体变速器。手自一体变速器可以手动换档，也能实现自动换档的模式。

三、手动变速器的结构

手动变速器由变速传动机构和变速操纵机构两部分组成。

1. 手动变速器变速传动机构

手动变速器变速传动机构如图1-20所示，其主要由输入轴、各档位齿轮、同步器、输出轴、倒档轴、中间轴、轴承及变速器壳体等组成。手动变速器的传动机构又可以分为三轴式和二轴式。

图1-20 手动变速器变速传动机构

1—四档从动齿轮 2—三、四档同步器 3—三档从动齿轮 4—二档从动齿轮 5—二、三档同步器 6——档从动齿轮 7—倒档从动齿轮 8—倒档、五档同步器 9—五档从动齿轮 10—输出轴 11—中间轴总成 12—变速器壳体 13—输入轴

2. 手动变速器变速操纵机构

手动变速器变速操纵机构如图1-21所示，其主要由操纵装置、锁止装置及变速器盖等组成。

四、五菱465Q手动变速器各档传动路线

五菱465Q型汽车变速器的输入轴前端与离合器从动盘花键连接，输入轴后端与四档常啮合齿轮连接，作为动力输入。输出轴上通过滚针轴承分别装有一档、二档、三挡、五档、倒档从动齿轮，在各档位之间装有同步器，同步器花键毂与输出轴上的花键配合连接，作为动力输出。

图1-21 手动变速器变速操纵机构

1—变速器盖 2—拨叉 3—拨叉轴 4—锁止装置安装位置

各档位动力传递路线如下：

1. 一档

变速器挂入一档，使一、二档同步器与一档从动齿轮接合。动力经输入轴的常啮合齿轮→中间轴常啮合齿轮→中间轴一档主动齿轮→一档从动齿轮→一、二档同步器→输出轴

输出。

2. 二档

变速器挂入二档，使一、二档同步器与二档从动齿轮接合。动力经输入轴的常啮合齿轮→中间轴常啮合齿轮→中间轴二档主动齿轮→二档从动齿轮→一、二档同步器→输出轴输出。

3. 三档

变速器挂入三档，使三、四档同步器与三档从动齿轮接合。动力经输入轴的常啮合齿轮→中间轴常啮合齿轮→中间轴三档主动齿轮→三档从动齿轮→三、四档同步器→输出轴输出。

4. 四档

变速器挂入四档，使三、四档同步器与四档从动齿轮接合。动力经输入轴的常啮合齿轮→三、四档同步器→输出轴输出。

5. 五档

变速器挂入五档，使五档、倒档同步器与五档从动齿轮接合。动力经输入轴的常啮合齿轮→中间轴常啮合齿轮→中间轴五档主动齿轮→五档从动齿轮→五档、倒档同步器→输出轴输出。

6. 倒档

变速器挂入倒档，使五档、倒档同步器与倒档从动齿轮接合。动力经输入轴的常啮合齿轮→中间轴常啮合齿轮→中间轴的倒档主动齿轮→倒档惰轮→倒档从动齿轮→五档、倒档同步器→输出轴输出。

7. 空档

输出轴上的接合套、传动齿轮均处于中间空转的位置，动力不传给第二轴。

【信息收集】

一、现场感受任务描述中的情景，把观察到的现象用几个关键词写出来。

车型：_____

故障部位：_____

故障现象：_____

二、我们的学习任务是什么？

_____

_____

_____

三、变速器的作用是什么？

_____

_____

_____

四、手动变速器的类型

1. 按传动比变化方式分类

变速器按工作原理可分为_____式、_____式和_____式三种。

项目一　汽车传动系统检测与维修

2. 按操纵方式分类

变速器按操纵方式的不同可分为_____变速器、_____变速器和手自一体变速器三种。

五、手动变速器的结构包括什么？
_____
_____
_____

六、手动变速器各档位的动力传递路线。

1. 一档：_____
_____

2. 二档：_____
_____

3. 三档：_____
_____

4. 四档：_____
_____

5. 五档：_____
_____

6. 倒档：_____
_____

【制订计划】

一、小组讨论，制订手动变速器检测与维修计划。

1. 制订手动变速器的拆装计划

1）手动变速器拆卸与装配的方法：
_____
_____
_____

2）手动变速器的拆卸步骤：
_____
_____
_____
_____
_____
_____
_____
_____

3）手动变速器的装配步骤：
_____
_____
_____
_____
_____
_____
_____
_____
_____
_____

2. 制订手动变速器的检测与维修计划

1）检测方法：
_____

2）检测项目：
_____
_____
_____
_____
_____
_____

3）技术标准：
_____
_____
_____
_____
_____

二、小组讨论，选择变速器检测与维修可能用到的工具、量具，并在表1-11的选择项中打"√"。

项目一 汽车传动系统检测与维修

表 1-11 工具、量具对照表

序号	工具、量具名称	型　　号	数量	选　　　择	
1	T形杆扳手	12	1	□可能	□不可能
2	T形杆扳手	14	1	□可能	□不可能
3	梅花扳手	12～14	1	□可能	□不可能
4	梅花扳手	17～19	1	□可能	□不可能
5	呆扳手	12～14	1	□可能	□不可能
6	扭力扳手	0～300	1	□可能	□不可能
7	棘轮扳手	中号	1	□可能	□不可能
8	一字螺钉旋具	6×150	1	□可能	□不可能
9	卡簧钳		1	□可能	□不可能
10	拔轴器		1	□可能	□不可能
11	锤子		1	□可能	□不可能
12	轴承压装辅具		1	□可能	□不可能
13	塞尺	0.02～3mm	1	□可能	□不可能
14	外径千分尺	0～25mm	1	□可能	□不可能
15	游标卡尺	0～150mm	1	□可能	□不可能
16	百分表	0～3	1	□可能	□不可能
17	其他（请填写具体名称）				

三、要完成本工作任务，必须遵守哪些注意事项，请在表 1-12 中相应的位置打 "√"。

表 1-12 注意事项表

注　意　事　项	选　　　择	
工具、量具整齐摆放不搁地	□是	□否
"零件、油、水"不落地	□是	□否
严格按照维修技术标准执行	□是	□否
严格按照要求规范操作设备	□是	□否
及时记录维修工作数据	□是	□否
维修工作完成后需要按照"6S"的要求恢复工位	□是	□否
其他		

四、小组讨论，完成任务分工并填写表 1-13。

表 1-13 任务分工表

序号	组长	记录员	操作员	安全员	备注

【实施计划】

一、请结合本小组制订的计划，对手动变速器进行拆卸，并完成相关信息的记录。

1. 用_____扳手拆掉变速器放油螺塞，如图1-22所示，并排放干净变速器油。

完成情况：□是　　　　□否

2. 卸下离合器分离轴承，如图1-23所示，并按要求摆放整齐。

图1-22　拆卸放油螺塞

图1-23　卸下离合器分离轴承

完成情况：□是　　　　□否

3. 用_____扳手拆卸换档箱组件_____颗固定螺栓，如图1-24所示，并将零件整齐摆放在零件车上。

完成情况：□是　　　　□否

4. 用_____扳手拆卸延伸箱组件_____颗固定螺栓，如图1-25所示，再用一字螺钉旋具撬出_____，并将零件整齐摆放在零件车上。

图1-24　拆卸变速器换档箱

图1-25　拆卸延伸箱组件螺栓

完成情况：□是　　　　□否

5. 取出倒档齿轮组件，如图1-26所示，并整齐摆放在零件车上。

完成情况：□是　　　　□否

6. 用_____扳手拆卸前轴承挡盖，如图1-27所示，并整齐摆放在零件车上。

项目一　汽车传动系统检测与维修

图1-26　取出倒档齿轮组件

图1-27　拆卸前轴承挡盖

完成情况：□是　　　　　□否

7. 用_____扳手拆下变速器上下壳体_____颗螺栓，如图1-28所示，取下拉索支架、倒车灯开关，并用螺钉旋具撬出上壳体组件。

完成情况：□是　　　　　□否

8. 取出_____轴组件，如图1-29所示，将输入轴总成和输出轴总成分开，并将零件整齐摆放在零件车或工作台上。

图1-28　拆卸变速器上下壳体

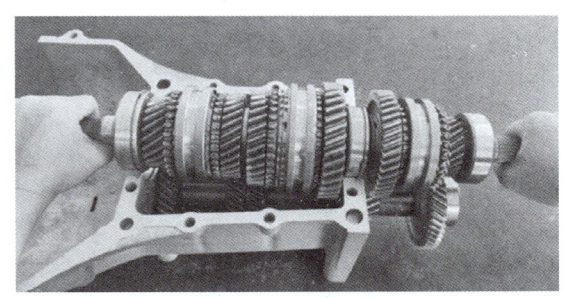

图1-29　取下输入轴、输出轴组件

完成情况：□是　　　　　□否

9. 用卡簧钳拆卸并取出_____，如图1-30所示，然后依次取出三、四档同步器总成，三档从动齿轮。

完成情况：□是　　　　　□否

10. 用专用工具取出转速表传动轮两端挡圈，取下转速表传动轮，用拔轴器拉出后端_____，如图1-31所示，并将零件整齐摆放在零件车上。

完成情况：□是　　　　　□否

图 1-30 取出挡圈

图 1-31 取后端支承轴承

11. 取下五档从动齿轮卡环，拆下_____档从动齿轮，如图 1-32 所示，依次取下五档、倒档同步器，_____档从动齿轮，并摆放整齐。

完成情况：□是　　　　□否

12. 用专用工具拆卸中间支承_____，如图 1-33 所示。

完成情况：□是　　　　□否

图 1-32 拆卸五档从动齿轮

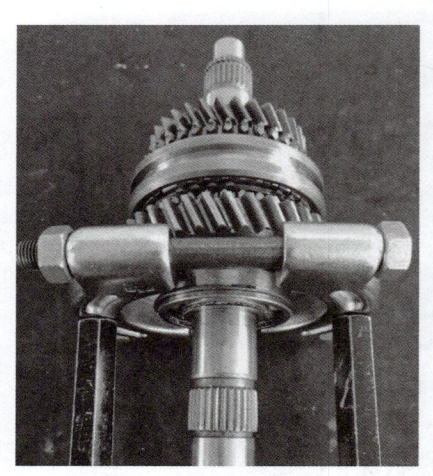

图 1-33 拆卸中间支承轴承

13. 拆卸一档从动齿轮，如图 1-34 所示，依次取下_____档同步器、_____档从动齿轮，并将零件整齐摆放在零件车上。

完成情况：□是　　　　□否

14. 用专用工具取出一、二档拨叉和三、四档拨叉的定位销。

完成情况：□是　　　　□否

项目一　汽车传动系统检测与维修

15. 取下三根拨叉轴，并取出自锁和互锁弹簧、钢珠及互锁销。

完成情况：□是　　　　□否

二、请结合本小组制订的计划，对手动变速器进行装配，并完成相关信息的记录。

1. 安装变速器拨叉及拨叉轴。

完成情况：□是　　　　□否

2. 装配变速器前，必须清洗所有的零件，并对变速器滑动件和摩擦表面的部件用_____油润滑。

完成情况：□是　　　　□否

3. 装配_____档从动齿轮、_____档同步器、一档从动齿轮，如图1-35所示。

完成情况：□是　　　　□否

图1-34　拆卸一档从动齿轮

4. 用轴承压装辅具压装中间支承轴承。

完成情况：□是　　　　□否

5. 装配倒档齿轮，如图1-36所示，然后安装五档、倒档同步器总成，_____档从动齿轮和卡环。

图1-35　装配档位齿轮

图1-36　装配倒档齿轮

完成情况：□是　　　　□否

6. 用轴承压装辅具压装后端支承_____，并安装_____传动齿轮及两端卡环。

完成情况：□是　　　　□否

7. 装配三档从动齿轮，如图1-37所示，并依次安装_____档同步器总成、_____四档从动齿轮及输入轴。

完成情况：□是　　　　□否

8. 将变速器_____组件装入下箱体中，并检查各档位的工作情况，如果出现问题，将解体检查或重新装配。

27

完成情况：□是　　　　　□否

9. 变速器上下壳体装配如图1-38所示，紧固螺栓时，应对角均匀分_____次拧紧，扭力是_____N，装配时还应注意拨叉装入同步环槽中。

图1-37　装配三档从动齿轮

图1-38　变速器上下壳体装配

完成情况：□是　　　　　□否

10. 装配前轴承挡盖，将螺栓对角均匀分_____次拧紧，扭力是_____N。

完成情况：□是　　　　　□否

11. 装配倒档齿轮轴组件，再将延伸箱合箱，并将螺栓_____均匀分_____次拧紧，扭力是_____N，如图1-39所示。

完成情况：□是　　　　　□否

12. 用扳手将加油螺塞拆去，加油后再将加油螺塞装配到位。

完成情况：□是　　　　　□否

三、请结合本小组制订的检修计划，完成手动变速器零部件的检修作业，并完成相关信息记录。

1. 目视法检查变速叉弯曲、扭曲情况，如出现_____可用敲击法校正。导动块和端面磨损严重，应进行焊修或_____。变速叉轴弯曲、锁销及定位球磨损、定位弹簧变软和折断均需要_____。

图1-39　装配延伸箱

检查结果：_____
技术标准：_____
修理意见：_____

2. 检查输入轴齿轮有无轮齿折断、齿面点蚀、齿面严重磨损和齿面胶合现象，如图1-40所示，若有上述任一种情况，则必须更换_____。

检查结果：_____

项目一　汽车传动系统检测与维修

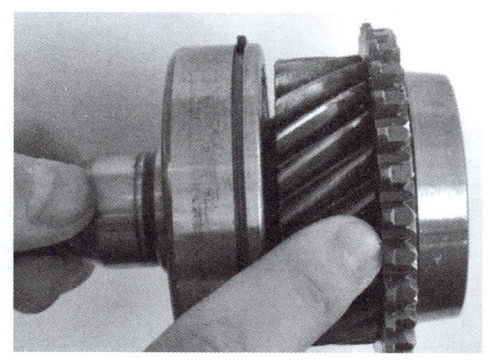

图 1-40　检查输入轴齿轮

技术标准：_____
修理意见：_____

3. 检查输入轴花键有无严重磨损和损坏，若有，则必须更换_____。用手"感觉"轴承转动是否灵活，是否有卡滞现象，若轴承转动不灵活或有卡滞现象，则必须更换_____。

　　检查结果：_____
　　技术标准：_____
　　修理意见：_____

4. 检查中间轴齿轮有无轮齿折断、齿面点蚀、齿面严重磨损和齿面胶合现象，若有上述任一种情况，则必须更换_____。

　　检查结果：_____
　　技术标准：_____
　　修理意见：_____

5. 检查输出轴花键有无严重磨损和损坏，若有，则必须更换_____。

　　检查结果：_____
　　技术标准：_____
　　修理意见：_____

6. 目视法检查输出轴上各档位齿轮有无裂纹、崩齿、齿面剥落、齿端飞边。齿面有轻微斑点，或边缘有破损，在不影响质量的情况下可用磨石修磨，齿面有缺陷时必须予以_____。

　　检查结果：_____
　　技术标准：_____
　　修理意见：_____

7. 将同步器齿环贴合在配对的齿轮锥面上，检查齿轮接合齿和齿环端面的间隙，如图 1-41 所示。若间隙已达到或超过极限值，则必须_____。

　　检查结果：_____
　　技术标准：_____
　　修理意见：_____

8. 检查齿轮外锥面和齿环内锥面的磨损情况，若有异常磨损则必须更换零件。

检查结果：_____
技术标准：_____
修理意见：_____

9. 检查同步器组件的滑动灵活性，若有卡滞现象则应该进行修复或更换。

检查结果：_____
技术标准：_____
修理意见：_____

四、根据手动变速器零件的检修及信息记录，汇总填写检测作业记录表1-14。

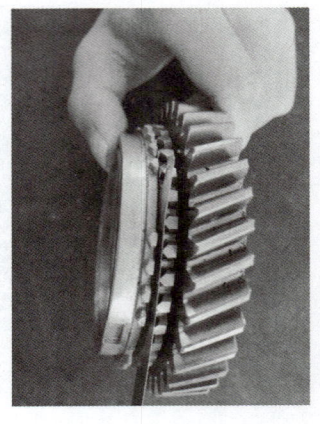

图 1-41　测量间隙

表 1-14　变速器检测作业记录表

序号	检测项目	检测结果	技术标准	修理意见
1	检查变速叉			
2	检查输入轴组件（齿轮、轴花键、轴承）			
3	检查中间轴组件（齿轮、轴承）			
4	检查输出轴组件（轴花键、档位齿轮、轴承、轴套）			
5	检查齿轮和同步器齿环			
6	检查同步器组件			

【检查与考评】

观察员根据操作员的工作过程评分，具体评分细则见表1-15。

表 1-15　变速器检测考核评分记录表

姓名：_____　班级：_____　成绩：_____　考核时间：30min

序号	考核内容	配分	评分标准	扣分	得分
1	正确使用工具、量具	5	使用不当酌情扣分		
2	变速器解体	15	拆卸错误每处扣2分		
3	检查变速叉	5	检查方法错误扣2分 检查结果错误扣2分 修理意见错误扣1分		

（续）

序号	考核内容	配分	评分标准	扣分	得分
4	检查输入轴组件（齿轮、轴花键、轴承）	10	检查方法错误扣4分		
			检查结果错误扣4分		
			修理意见错误扣2分		
5	检查中间轴组件（齿轮、轴承）	10	检查方法错误扣4分		
			检查结果错误扣4分		
			修理意见错误扣2分		
6	检查输出轴组件（轴花键、档位齿轮、轴承、轴套）	10	检查方法错误扣4分		
			检查结果错误扣4分		
			修理意见错误扣2分		
7	检查齿轮和同步器齿环	5	检查方法错误扣2分		
			检查结果错误扣2分		
			修理意见错误扣1分		
8	检查同步器组件	10	检查方法错误扣4分		
			检查结果错误扣4分		
			修理意见错误扣2分		
9	变速器装配	20	装配错误每处扣5分		
10	遵守安全操作规程，工具、量具、零部件不落地，操作现场整洁	5	每项扣2分，扣完为止		
	安全用电、防火、无人身、设备事故	5	因违规操作发生重大人身或设备事故，此题按0分计		
11	分数总计	100			

【评价反馈】

一、自我评价

自我评价表见表1-16。

表1-16 自我评价表

我做得好的地方	我还存在这些方面的问题
□动作准确	□动作不到位
□工具使用规范	□工具使用不规范
□拆卸步骤熟悉	□拆卸步骤不熟悉
□检测步骤熟悉	□检测步骤不熟悉
□工具摆放整齐	□工具摆放不整齐
□装配步骤熟悉	□装配步骤不熟悉
□操作用时合理	□操作用时过长
□工作态度端正	□工作态度不够端正

二、小组评价

小组评价表见表1-17。

表1-17 小组评价表

评 价 内 容	评 价 结 果	
是否做到小组全员参与	□是	□否
是否做到小组分工明确	□是	□否
是否做到小组工作高效	□是	□否
是否发挥小组长的作用	□是	□否
是否认真、合理讲述、展示计划	□是	□否
是否使用文明用语	□是	□否
是否完成工作页或数据记录	□是	□否
是否执行"6S"管理	□是	□否

三、教师评价

教师评价表见表1-18。

表1-18 教师评价表

评 价 内 容	评 价 指 标	星级评定（在相应的等级打√）
活动态度方面	1）态度是否积极，是否主动组织或参与活动 2）与小组同学合作是否良好 3）活动是否认真、善始善终 4）是否勇于克服困难	□一级：☆☆☆☆☆ □二级：☆☆☆☆ □三级：☆☆☆ □四级：☆☆
知识技能方面	1）查阅资料技能 2）实地观察记录能力 3）调查研究能力 4）整理材料能力	□一级：☆☆☆☆☆ □二级：☆☆☆☆ □三级：☆☆☆ □四级：☆☆

【知识巩固】

一、填空题

1. 手动变速器的基本构造包括_____机构和_____机构两部分。

2. 变速器的润滑方式有压力式、飞溅式和复合式三种方式，一般多采用_____式润滑方式。

3. 手动变速器变速机构的主要作用是改变发动机的输出_____、_____和转动方向。

4. 在常啮合齿轮传动的变速器中，采用_____来保证在换档过程中相啮合的零件能平稳地啮合。

5. 变速器的功用是改变发动机传给驱动车轮的_____，以适应各种行驶条件的需要；在保证发动机运转的条件下能_____；在离合器接合的情况下能_____发动机与传动系统的动力传递。

二、选择题

1. 三轴式变速器主要应用在（　　）的布置形式。
   A. 前置前驱　　　　B. 前置后驱　　　　C. 中置后驱　　　　D. 全轮驱动
2. 两轴式变速器的特点是输入轴与输出轴（　　），且无中间轴。
   A. 重合　　　　　　B. 垂直　　　　　　C. 平行　　　　　　D. 斜交
3. 变速器大多采用（　　）润滑。
   A. 飞溅　　　　　　B. 滴油　　　　　　C. 浸油　　　　　　D. 集中
4. 当滑块位于（　　）时，接合套与锁环能进入啮合。
   A. 锁环缺口的中央位置　　　　　　B. 锁环缺口的两边位置
   C. 任何位置　　　　　　　　　　　D. 锁环缺口之外的位置
5. 汽车变速器（　　）的主要作用是改变转矩、转速和旋转方向。
   A. 变速操纵机构　　　　　　　　　B. 安全装置
   C. 变速传动机构　　　　　　　　　D. 齿轮
6. 变速器（　　）的作用是固定换档叉轴，避免叉轴自行移动而脱档。
   A. 互锁装置　　　　B. 传动装置　　　　C. 倒档锁装置　　　D. 自锁装置
7. 五档变速器中（　　）档的传动效率最高。
   A. 一　　　　　　　B. 二　　　　　　　C. 倒　　　　　　　D. 直接
8. 通常手动变速器的最大增矩效果在（　　）。
   A. 一档　　　　　　B. 直接档　　　　　C. 超速档　　　　　D. 倒档

三、判断题

1. 目前各种小客车和载重汽车都广泛采用固定轴式普通齿轮变速器。（　　）
2. 变速器互锁装置的作用是防止变速器同时挂进两个档。（　　）
3. 变速器自锁装置的作用是防止变速器同时挂进两个档。（　　）
4. 爬行档是重载的车辆爬陡坡的档位，也称为超低档。（　　）
5. 自锁弹簧的弹力减弱容易造成变速器跳档。（　　）
6. 三轴式齿轮变速器的倒档是通过三对齿轮啮合传动的。（　　）
7. 当变速器的同步器滑块的中间凸起部分磨损时，容易造成挂档困难。（　　）

任务三
万向传动装置的检测与维修

【任务描述】

一辆五菱宏光轿车在发动机低速运转或高速档位时，车身底部发出无节奏的"咯噔咯噔"撞击声，随着响声的出现，车辆有抖动感。经过检查，发现是万向传动装置部位引起的故障现象。现要求你对该车的万向传动装置进行检测与维修。

【学习目标】

1. 能根据维修工单，明确任务内容与要求，并能与组员沟通，合理分配任务；
2. 能叙述万向传动装置的功用和组成；
3. 能叙述万向节的类型、构造；
4. 能准确查阅维修手册，确定万向传动装置相关检测内容、流程与规范，记录相关信息；
5. 能正确选择和使用工具、量具；
6. 能规范进行相应作业项目的自检，并填写作业表；
7. 能严格认真执行"6S"管理规定；
8. 能严格遵守职业道德，具备吃苦耐劳、爱岗敬业的工作态度和职业责任感。

【学习重点】

1. 汽车万向传动装置的结构和类型；
2. 汽车万向传动装置的拆装与检测。

【学习难点】

1. 汽车万向传动装置的故障原因分析；
2. 汽车万向传动装置的检测与维修。

【知识准备】

1. 万向传动装置的作用

万向传动装置的作用是在轴线相交且相互位置经常发生变化的两转轴之间传递动力。

2. 万向传动装置的组成

万向传动装置在汽车上有很多应用，结构也稍有不同，最常见的应用如图 1-42 所示。该万向传动装置位于变速器和驱动桥之间，主要由万向节和传动轴组成，对于传动距离较远的分段式传动轴，设置有中间支承和中间传动轴。

项目一　汽车传动系统检测与维修

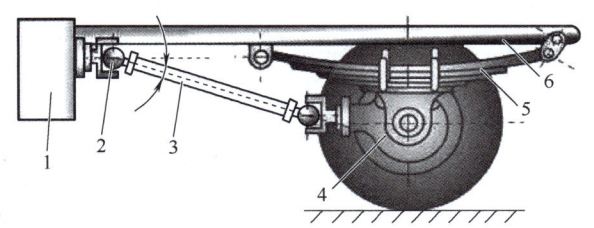

图 1-42　变速器与驱动桥之间的万向传动装置
1—变速器　2—万向节　3—传动轴
4—驱动桥　5—后悬架　6—车架

　　（1）万向节的类型和构造　万向节的类型按在扭转方向上是否有明显的弹性可分为刚性万向节和挠性万向节。目前广泛应用刚性万向节。

　　1）十字轴式万向节。十字轴式万向节如图 1-43 所示，其主要由万向节叉、十字轴、滚针轴承和卡簧组成。其中两万向节叉上的孔分别套在十字轴的轴颈上，可绕十字轴中心在任意方向摆动，允许相邻两轴夹角为 15°～20°。为了减少摩擦并提高传动效率，在十字轴颈和万向节叉孔装有滚针轴承，以卡簧做固定。这样的十字轴式万向节结构简单，传动效率高，因此，在现代汽车上被广泛采用。

　　2）球笼式万向节。球笼式万向节如图 1-44 所示，其主要由内滚道、保持架（球笼）、钢球和外滚道等组成。内滚道以内花键与主动轴相连，外滚道与从动轴相连，内、外滚道通过六个钢球传递动力。球笼式万向节工作时，六个钢球全部参加，因此磨损少，寿命长，承载能力强，结构紧凑，拆装方便。另外它的允许两轴交角可在 42°～47°间传递扭矩，广泛应用于转向驱动桥上。

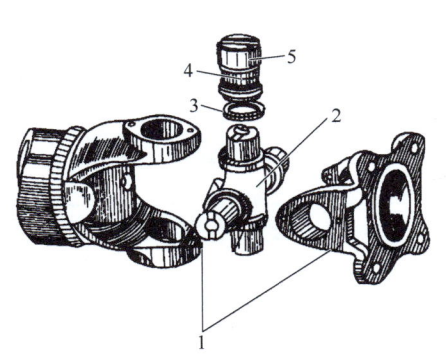

图 1-43　十字轴式万向节
1—万向节叉　2—十字轴　3—油封
4—滚针轴承　5—滚针轴承套

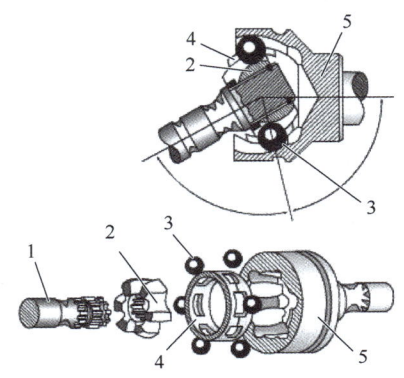

图 1-44　球笼式万向节
1—主动轴　2—内滚道（星形套）　3—钢球
4—保持架（球笼）　5—外滚道（球形壳）

　　（2）传动轴和中间支承

　　1）传动轴。传动轴是连接变速器与驱动桥的部件，是将变速器传来的转矩传给驱动桥。传动轴有空心轴和实心轴两种，其结构如图 1-45 所示。

2）中间支承。传动轴分段时应加有中间支承，通常的中间支承安装在车架横梁上，如图1-46所示。它具有补偿传动轴轴向和角度方向变化或车架变形等所引起的位移的功能。

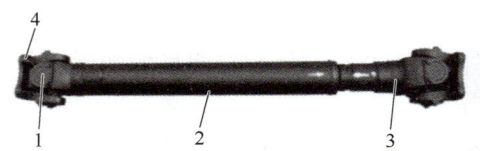

图1-45 传动轴的总成

1—十字轴总成 2—传动轴总成

3—滑动叉总成 4—凸缘叉

图1-46 中间支承

1—传动轴 2—中间支承 3—支架

【信息收集】

一、现场感受任务描述中的情景，把观察到的现象用几个关键词写出来。

车型：_____

故障部位：_____

故障现象：_____

二、我们的学习任务是什么？

_____

_____

_____

三、汽车万向传动装置的结构包括什么？请把图1-47中的编号填入表1-19相应的名称里。

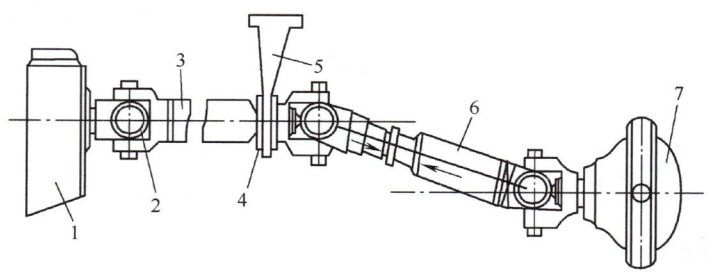

图1-47 万向传动装置的结构

项目一　汽车传动系统检测与维修

表 1-19　万向传动装置零件名称

编　号	名　　称	编　号	名　　称
	万向节		驱动桥
	传动轴		中间支承
	变速器		传动轴
	球轴承		

四、万向传动装置的作用是什么？

五、万向传动装置在汽车上的应用主要有哪几个方面？

六、十字轴式万向节的结构如图 1-48 所示，请把图中编号填入表 1-20 相应的名称里。

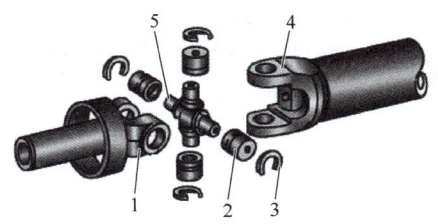

图 1-48　十字轴式万向节的结构

表 1-20　十字轴式万向节零件名称

编　号	名　　称	编　号	名　　称
	十字轴		传动轴叉
	万向节叉		轴承
	卡环		

七、球笼式万向节的结构如图 1-49 所示，请把图中编号填入表 1-21 相应的名称里。

37

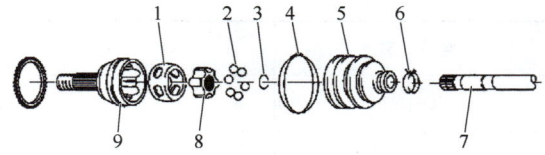

图 1-49　球笼式万向节的结构

表 1-21　球笼式万向节零件名称

编　号	名　称	编　号	名　称
	球形壳		钢球
	球笼		卡环
	星形套		钢带箍
	防尘罩		主动轴
	防尘罩卡箍		

八、传动轴的功用是什么？

_____

_____

_____

_____

九、请同学们依据图 1-50 传动轴的结构，请把图中编号填入表 1-22 相应的名称里。

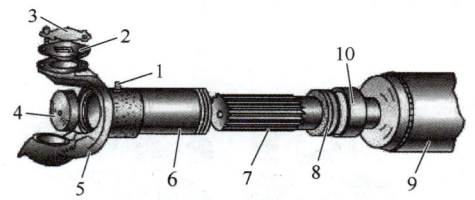

图 1-50　传动轴的结构

表 1-22　传动轴零件名称

编　号	名　称	编　号	名　称
	盖子		伸缩套
	盖板		油封
	盖垫		油封盖
	万向节叉		传动轴管
	加油嘴		滑动花键槽

十、中间支承的作用是什么？

_____

_____

_____

项目一　汽车传动系统检测与维修

【制订计划】

一、小组讨论，制订万向传动装置检测与维修计划。

1. 制订万向传动装置拆装计划

1）万向传动装置的拆装方法：
_____
_____

2）万向传动装置的拆卸步骤：
_____
_____
_____
_____
_____
_____
_____

3）万向传动装置的装配步骤：
_____
_____
_____
_____
_____
_____
_____

2. 制订万向传动装置的检修计划

1）检测方法：
_____
_____

2）检测项目：
_____
_____
_____
_____
_____
_____
_____

3）技术标准：

_____

_____

_____

_____

_____

_____

二、小组讨论，选择万向传动装置检测与维修可能用到的工具、量具，并在表1-23的选择项中打"√"。

表1-23　工具、量具对照表

序号	工具、量具名称	型号	数量	选	择
1	梅花扳手	12～14	2	□可能	□不可能
2	呆扳手	12～14	2	□可能	□不可能
3	扭力扳手	0～300	1	□可能	□不可能
4	棘轮扳手	中号	1	□可能	□不可能
5	套筒	12	1	□可能	□不可能
6	套筒	14	1	□可能	□不可能
7	锤子		1	□可能	□不可能
8	卡簧钳		1	□可能	□不可能
9	铜棒		1	□可能	□不可能
10	游标卡尺	0～150mm	1	□可能	□不可能
11	百分表	0～3	1	□可能	□不可能
12	其他（请填写具体名称）				

三、要完成本工作任务，必须遵守哪些注意事项，请在表1-24中相应的位置打"√"。

表1-24　注意事项表

注意事项	选	择
工具、量具整齐摆放不掇地	□是	□否
"零件、油、水"不落地	□是	□否
严格按照维修技术标准执行	□是	□否
严格按照要求规范操作设备	□是	□否
及时记录维修工作数据	□是	□否
维修工作完成后需要按照"6S"的要求恢复工位	□是	□否
其他		

项目一　汽车传动系统检测与维修

四、小组讨论，完成任务分工并填写表1-25。

表 1-25　任务分工表

序号	组长	记录员	操作员	安全员	备注

【实施计划】

一、请结合本小组制订的计划，对万向传动装置进行拆卸，并完成相关信息的记录。

1. 在举升机上举升_____。

完成情况：□是　　　　　□否

2. 用千斤顶适当支承传动轴_____。

完成情况：□是　　　　　□否

3. 拆下传动轴支承托架焊合件与车身连接的_____颗螺栓，并整齐摆放在零件车上。

完成情况：□是　　　　　□否

4. 断开传动轴与后桥连接的_____时，先标记下_____与后桥法兰的相对位置记号。用呆扳手固定住传动轴与后桥连接螺栓，拆下_____颗螺母，并随后拆下_____颗螺栓，同时用手托住传动轴后节焊合件。

完成情况：□是　　　　　□否

5. 将传动轴滑动叉从变速器_____中抽出，并放置于零件车上。

完成情况：□是　　　　　□否

6. 分离出_____总成，移走千斤顶，并用堵盖将_____和变速器_____堵塞住。

完成情况：□是　　　　　□否

7. 拆卸十字轴式万向节轴承时，用专用卡簧钳取出_____个弹簧卡环，如图 1-51 所示，并把零件整齐摆放在零件车上。

完成情况：□是　　　　　□否

8. 使用铁锤轻敲_____，将轴承的_____振出来，取下十字轴，将零件整齐放置在零件车上。

图 1-51　拆卸轴承卡簧

完成情况：□是　　　　　□否

二、请结合本小组制订的计划，对万向传动装置进行装配，并完成相关信息的记录。

1. 根据_____型号选择合适的十字轴承。

完成情况：□是　　　　　□否

2. 在新的_____和_____上涂敷 MP 润滑脂。

完成情况：□是　　　　　□否

41

3. 将新的_____装入万向节叉内。

完成情况：□是　　　　□否

4. 使用专用工具将新的轴承安装到_____上。

完成情况：□是　　　　□否

5. 安装两个厚度相等的_____。

完成情况：□是　　　　□否

6. 使用锤子轻轻敲击轴承外圈，直到_____和卡环之间没有间隙为止。

完成情况：□是　　　　□否

7. 拆下将传动轴滑动叉和变速器输出轴堵塞住的_____。

完成情况：□是　　　　□否

8. 将传动轴滑动叉插入变速器_____中。

完成情况：□是　　　　□否

9. 定位传动轴总成，用千斤顶适当支承_____，同时用手托住传动轴后节焊合件。

完成情况：□是　　　　□否

10. 装上传动轴与后桥连接的_____颗螺栓，用呆扳手固定住螺栓的同时，装上_____颗螺母，并紧固至_____N·m。

完成情况：□是　　　　□否

11. 装上传动轴支承托架焊合件与车身连接的_____颗螺栓，并将螺栓紧固至_____N·m。

完成情况：□是　　　　□否

12. 移走千斤顶，在_____上降下车辆。

完成情况：□是　　　　□否

13. 起动发动机并将变速器挂入各档位进行路试，检查车辆_____是否发出异响。

完成情况：□是　　　　□否

三、请结合本小组制订的检修计划，完成万向传动装置的检测作业，并完成相关信息记录。

1. 十字轴万向节的检修

1）检查滚针轴承，如果_____断裂、_____失效，应更换新件。

检查结果：_____

技术标准：_____

修理意见：_____

2）检查十字轴轴颈磨损、压痕剥落等情况。十字轴轴颈_____、轻微压痕或剥落，仍可继续使用，如果轴颈_____、严重压痕（深度超过0.1mm）或严重剥落时，应予以更换。

检查结果：_____

技术标准：_____

修理意见：_____

3）检查万向节叉不得有_____或其他严重损伤，否则更换新件。

检查结果：_____

技术标准：＿＿＿＿＿＿＿＿＿＿＿＿＿＿＿＿＿＿＿＿＿＿＿＿＿＿＿＿＿＿＿＿＿＿
修理意见：＿＿＿＿＿＿＿＿＿＿＿＿＿＿＿＿＿＿＿＿＿＿＿＿＿＿＿＿＿＿＿＿＿＿

4）万向节装配完毕后，可用手扳动十字轴进行检验，以转动自如没有松旷感觉为合适。若装配＿＿＿＿＿＿或＿＿＿＿＿＿，应查明原因，必要时应拆检及重新装配。

检查结果：＿＿＿＿＿＿＿＿＿＿＿＿＿＿＿＿＿＿＿＿＿＿＿＿＿＿＿＿＿＿＿＿＿
技术标准：＿＿＿＿＿＿＿＿＿＿＿＿＿＿＿＿＿＿＿＿＿＿＿＿＿＿＿＿＿＿＿＿＿
修理意见：＿＿＿＿＿＿＿＿＿＿＿＿＿＿＿＿＿＿＿＿＿＿＿＿＿＿＿＿＿＿＿＿＿

2. 传动轴的检修

1）目视法检查传动轴轴管不得有＿＿＿＿＿＿及严重的凹瘪，否则更换＿＿＿＿＿＿。

检查结果：＿＿＿＿＿＿＿＿＿＿＿＿＿＿＿＿＿＿＿＿＿＿＿＿＿＿＿＿＿＿＿＿＿
技术标准：＿＿＿＿＿＿＿＿＿＿＿＿＿＿＿＿＿＿＿＿＿＿＿＿＿＿＿＿＿＿＿＿＿
修理意见：＿＿＿＿＿＿＿＿＿＿＿＿＿＿＿＿＿＿＿＿＿＿＿＿＿＿＿＿＿＿＿＿＿

2）测量传动轴的弯曲变形如图1-52所示，将传动轴定位在台架上，在传动轴上选取＿＿＿＿＿＿个点，用百分表分别测量三个点的＿＿＿＿＿＿误差。径向圆跳动误差值应不大于＿＿＿＿＿＿mm。如超过此值应校正并重新平衡，必要时更换传动轴总成。

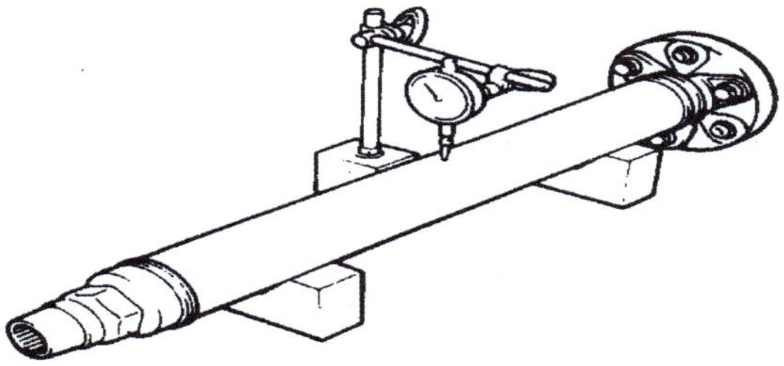

图1-52 测量传动轴的弯曲变形

检查结果：＿＿＿＿＿＿＿＿＿＿＿＿＿＿＿＿＿＿＿＿＿＿＿＿＿＿＿＿＿＿＿＿＿
技术标准：＿＿＿＿＿＿＿＿＿＿＿＿＿＿＿＿＿＿＿＿＿＿＿＿＿＿＿＿＿＿＿＿＿
修理意见：＿＿＿＿＿＿＿＿＿＿＿＿＿＿＿＿＿＿＿＿＿＿＿＿＿＿＿＿＿＿＿＿＿

3）传动轴花键与滑动叉花键、凸缘叉与所配合花键的侧隙：其他类型的汽车应不大于0.30mm，轿车应不大于＿＿＿＿＿＿mm，装配后应能滑动自如。

检查结果：＿＿＿＿＿＿＿＿＿＿＿＿＿＿＿＿＿＿＿＿＿＿＿＿＿＿＿＿＿＿＿＿＿
技术标准：＿＿＿＿＿＿＿＿＿＿＿＿＿＿＿＿＿＿＿＿＿＿＿＿＿＿＿＿＿＿＿＿＿
修理意见：＿＿＿＿＿＿＿＿＿＿＿＿＿＿＿＿＿＿＿＿＿＿＿＿＿＿＿＿＿＿＿＿＿

3. 中间支承的检修

1）检查中间支承的橡胶垫环是否＿＿＿＿＿＿、油封磨损是否过甚而失效、轴承松旷或内孔＿＿＿＿＿＿是否严重，如果是，均应更换新的中间支承。

检查结果：＿＿＿＿＿＿＿＿＿＿＿＿＿＿＿＿＿＿＿＿＿＿＿＿＿＿＿＿＿＿＿＿＿
技术标准：＿＿＿＿＿＿＿＿＿＿＿＿＿＿＿＿＿＿＿＿＿＿＿＿＿＿＿＿＿＿＿＿＿
修理意见：＿＿＿＿＿＿＿＿＿＿＿＿＿＿＿＿＿＿＿＿＿＿＿＿＿＿＿＿＿＿＿＿＿

2）检查中间支承轴承时，应左右转动检查是否_____，如图 1-53 所示，否则更换轴承。

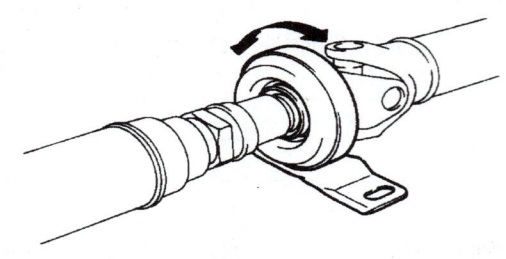

图 1-53　左右转动检查中间支承

检查结果：_____
技术标准：_____
修理意见：_____

3）检查垫块是否_____，必要时更换。
检查结果：_____
技术标准：_____
修理意见：_____

四、根据万向传动装置的检测及信息记录，汇总填写检测作业记录表 1-26。

表 1-26　万向传动装置检测作业记录表

序号	检测项目	检测结果	技术标准	修理意见
1	检查十字轴万向节			
2	检测传动轴			
3	检测传动轴花键与滑动叉花键、凸缘叉与所配合花键的侧隙			
4	检查中间支承			

【检查与考评】

观察员根据操作员的工作过程评分，具体评分细则见表 1-27。

表 1-27 万向传动装置检测考核评分记录表

姓名：_____　　班级：_____　　成绩：_____　　考核时间：30min

序号	考核内容	配分	评分标准	扣分	得分
1	正确使用工具、量具	10	使用不当酌情扣分		
2	正确拆卸万向传动装置	10	拆卸错误每处扣2分		
3	检查十字轴万向节	15	检查方法错误扣5分 检查结果错误扣5分 修理意见错误扣5分		
4	检测传动轴	15	检测方法错误扣5分 检测结果错误扣5分 修理意见错误扣5分		
5	检测传动轴花键与滑动叉花键、凸缘叉与所配合花键的侧隙	15	检测方法错误扣5分 检测结果错误扣5分 修理意见错误扣5分		
6	检查中间支承	15	检查方法错误扣5分 检查结果错误扣5分 修理意见错误扣5分		
7	装配万向传动装置	10	装配错误每处扣2分		
8	遵守安全操作规程，工具、量具、零部件不落地，操作现场整洁	5	每项扣2分，扣完为止		
	安全用电、防火、无人身、设备事故	5	因违规操作发生重大人身或设备事故，此题按0分计		
9	分数总计	100			

【评价反馈】

一、自我评价

自我评价表见表 1-28。

表 1-28 自我评价表

我做得好的地方	我还存在这些方面的问题
□动作准确	□动作不到位
□工具使用规范	□工具使用不规范
□拆装步骤熟悉	□拆装步骤不熟悉
□检测步骤熟悉	□检测步骤不熟悉
□工具摆放整齐	□工具摆放不整齐
□操作用时合理	□操作用时过长
□工作态度端正	□工作态度不够端正

二、小组评价

小组评价表见表1-29。

表1-29 小组评价表

评 价 内 容	评 价 结 果	
是否做到小组全员参与	□是	□否
是否做到小组分工明确	□是	□否
是否做到小组工作高效	□是	□否
是否发挥小组长的作用	□是	□否
是否认真、合理讲述、展示计划	□是	□否
是否使用文明用语	□是	□否
是否完成工作页或数据记录	□是	□否
是否执行"6S"管理	□是	□否

三、教师评价

教师评价表见表1-30。

表1-30 教师评价表

评 价 内 容	评 价 指 标	星级评定（在相应的等级打√）
活动态度方面	1）态度是否积极，是否主动组织或参与活动 2）与小组同学合作是否良好 3）活动是否认真、善始善终 4）是否勇于克服困难	□一级：☆☆☆☆☆ □二级：☆☆☆☆ □三级：☆☆☆ □四级：☆☆
知识技能方面	1）查阅资料技能 2）实地观察记录能力 3）调查研究能力 4）整理材料能力	□一级：☆☆☆☆☆ □二级：☆☆☆☆ □三级：☆☆☆ □四级：☆☆

【知识巩固】

一、填空题

1. 万向传动装置一般由_____和_____组成，有时还加装_____。
2. 万向传动装置用来传递轴线_____且相对位置_____的转轴之间的动力。
3. 万向传动装置除用于汽车的传动系统外，还可用于_____和_____。
4. 如果双十字轴式万向节要实现等速传动，则第一万向节的_____必须与第二万向节的_____在同一平面内。
5. 等速万向节的基本原理是从结构上保证万向节在工作过程中_____。
6. 传动轴在高速旋转时，由于离心力的作用将产生剧烈振动。因此，当传动轴与万向节装配后，必须满足_____要求。
7. 为了避免运动干涉，传动轴中设有由_____和_____组成的滑动花键连接。

二、选择题

1. 传动轴由于零件的磨损、变形及安装位置不正确等会使传动轴的临界转速（　　）。
   A. 降低　　　　　　B. 提高　　　　　　C. 不变

2. 同一轴承壳内十字轴滚针轴承（　　）。
   A. 长度、直径应一致
   B. 直径应一致、长度允许不一致
   C. 长度应一致、直径允许有差异

3. 十字轴式刚性万向节的十字轴轴颈一般都是（　　）。
   A. 空心的　　　B. 实心的　　　C. 无所谓　　　D. A、B、C 均不正确

4. 十字轴式万向节的损坏是以十字轴轴颈和（　　）的磨损为标志的。
   A. 滚针轴承　　　B. 传动轴　　　C. 油封　　　D. 万向节叉

5. 十字轴式不等速万向节，当主动轴转过一周时，从动轴转过（　　）。
   A. 一周　　　B. 小于一周　　　C. 大于一周　　　D. 不一定

6. 为了便于加注润滑脂，十字轴的安装方向是（　　）。
   A. 油盅朝向传动轴
   B. 油盅朝向汽车前进方向
   C. 油盅必须朝向汽车后方

7. 普通十字轴式万向节在应用中最广泛，允许两轴最大交角为（　　）。
   A. 5°～10°　　　B. 10°～15°　　　C. 15°～20°　　　D. ＞30°

8. 球笼式万向节两轴间最大夹角为（　　）。
   A. ＞30°　　　B. 32°　　　C. 35°～34°　　　D. 42°

9. 为了适应传动轴工作时在长度方面的变化，通常在传动轴中应采取（　　）布置。
   A. 伸缩花键　　　B. 万向节叉　　　C. 空心轴管　　　D. 扭转减振器

10. 在越野车上得到广泛应用的万向节是（　　）。
    A. 球叉式万向节　　B. 球笼式万向节　　C. 三销式万向节　　D. 双联式万向节

11. 桑塔纳乘用车的前轴分别采用 "RF" "VL" 两种万向节，其中 "VL" 型万向节在传动中允许两轴最大弯曲角为（　　）。
    A. ＞30°　　　B. 21°　　　C. 15°～20°　　　D. 25°～27°

12. 桑塔纳乘用车的前轴分别采用 "RF" "VL" 两种万向节，其中 "VL" 型万向节在传动中轴向伸缩最大为（　　）。
    A. ＞30mm　　　B. 21mm　　　C. 45mm　　　D. 30～45mm

13. 下列万向节中属于等速万向节的是（　　）。
    A. 球笼式　　　B. 双联式　　　C. 球叉式　　　D. 三销轴式

三、判断题

1. 刚性万向节是靠零件的铰链式连接来传递动力的，而挠性万向节是靠弹性零件来传递动力的。　　　　　　　　　　　　　　　　　　　　　　　　　　　　（　　）

2. 对于十字轴式万向节，主、从动轴的交角越大，则传动效率越高。　　（　　）

3. 对于十字轴式万向节，主、从动轴之间只要存在交角，就存在摩擦损失。（　　）

4. 只有驱动轮采用独立悬架时，才有实现第一万向节两轴间的夹角等于第二万向节两

轴间的夹角的可能。   (   )
  5. 挠性万向节一般用于主、从动轴间夹角较大的万向传动的场合。   (   )
  6. 传动轴两端的万向节叉安装时应在同一平面内。   (   )
  7. 汽车行驶过程中，传动轴的长度可以自由变化。   (   )
  8. 单个十字轴万向节在有夹角时传动的不等速性是指主、从动轴的平均转速不相等。
                                             (   )

项目一 汽车传动系统检测与维修

任务四
主减速器及差速器的检测与维修

【任务描述】

一辆五菱宏光轿车在使用中发现驱动桥内出现响声,而且越来越严重,经过维修技师诊断确定是差速器故障,为了排除故障需要对差速器进行检测与维修。

【学习目标】

1. 能根据维修工单,明确任务内容与要求,并能与组员沟通,合理分配任务;
2. 能叙述驱动桥的组成和作用;
3. 能叙述主减速器和差速器的作用及工作原理;
4. 能拆装和检修主减速器、差速器;
5. 能准确查阅维修手册,确定主减速器、差速器相关检测内容、流程与规范,记录相关信息;
6. 能正确选择和使用工具、量具;
7. 能规范进行相应作业项目的自检,并填写作业表;
8. 能严格认真执行"6S"管理规定;
9. 能严格遵守职业道德,具备吃苦耐劳、爱岗敬业的工作态度和职业责任感。

【学习重点】

1. 汽车驱动桥的结构,主减速器、差速器的作用、结构和工作原理;
2. 主减速器、差速器的拆装与检测。

【学习难点】

1. 主减速器、差速器的工作原理;
2. 主减速器、差速器的拆装与检测。

【知识准备】

一、驱动桥的作用及类型

1. 驱动桥的作用

驱动桥的作用是将发动机发出的转矩经过降速增矩、改变动力传递方向后,分配到左右驱动车轮,使汽车行驶,并允许左右车轮以不同的转速旋转。

2. 驱动桥的类型

驱动桥的类型按其结构形式不同可分为整体式驱动桥和断开式驱动桥。

（1）整体式驱动桥　整体式驱动桥如图 1-54 所示。整体式驱动桥采用非独立悬架，驱动桥壳为一刚性的整体，驱动桥两端通过悬架与车架连接，左右半轴始终在一条直线上，即左右驱动轮不能相互独立地跳动。

图 1-54　整体式驱动桥

（2）断开式驱动桥　断开式驱动桥采用独立悬架，如图 1-55 所示。其主减速器固定在车架上，前轴为前副架，两端通过上下摆臂与车架连接。半轴也分段并通过万向节连接，这样两侧的驱动轮可以彼此独立地相对于车架上下跳动。

二、驱动桥的组成

驱动桥主要由主减速器、差速器、半轴和桥壳等组成。

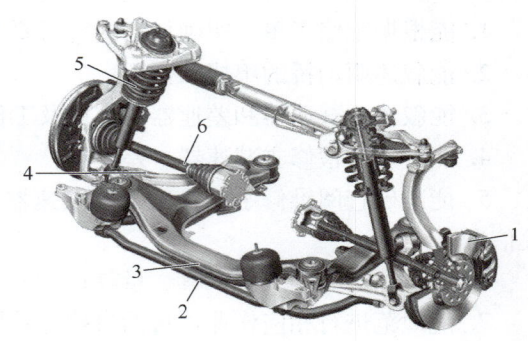

图 1-55　断开式驱动桥
1—制动器　2—横向稳定杆　3—前副架
4—下摆臂　5—螺旋弹簧和减振器　6—半轴

1. 主减速器

主减速器的作用是将输入的转矩减速增矩，并将动力传递的方向改变后传给差速器。主减速器按参加传动的齿轮副数目，可分为单级主减速器和双级主减速器。

（1）单级主减速器　单级主减速器结构简单、体积小、重量轻、传动效率高，一般用于轿车和轻中型货车上。五菱轿车采用的是单级主减速器，如图 1-56 所示，其主要由主动锥齿轮、从动锥齿轮和支承轴承等零件组成。

单级主减速器主、从动锥齿轮为一对双曲面锥齿轮。主动锥齿轮与主减速器的输入轴为一体，用双列圆锥滚子轴承支承在主减速器壳内，依靠凸缘定位，并用螺栓与差速器壳连接，作为输出端。主动轴凸缘通过螺栓与万向传动装置连接，作为输入端。

（2）双级主减速器　采用双级主减速器可以获得较大的传动比，保证驱动桥有足够的离地间隙，并可缩短传动轴的长度，广泛应用于大型的载重汽车，结构如图 1-57 所示。

2. 差速器

（1）差速器的作用　差速器的作用是将主减速器传来的动力经左、右半轴传给驱动车轮，当左右车轮行驶条件不相同或转向时，能自动调整左右驱动车轮以不同的转速旋转，使车轮保持滚动行驶状态。

项目一 汽车传动系统检测与维修

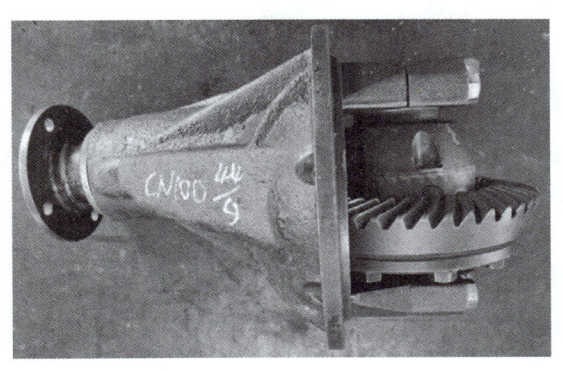

图 1-56 单级主减速器

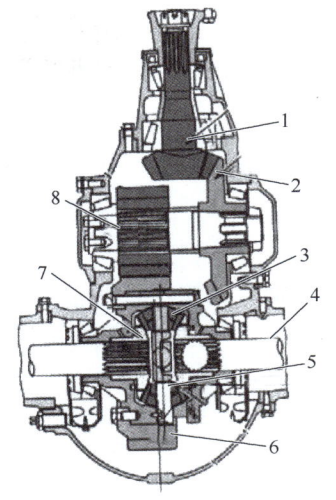

图 1-57 双级主减速器的结构
1—主动锥齿轮 2—从动锥齿轮 3—行星齿轮
4—半轴 5—行星齿轮轴 6—第二级从动齿轮
7—半轴齿轮 8—第二级主动齿轮

（2）差速器的类型　差速器按结构可以分为普通差速器和防滑差速器。

1）普通差速器。普通差速器的结构如图 1-58 所示，其主要由两个或四个圆锥行星齿轮、行星齿轮轴、两个圆锥半轴齿轮、垫片和差速器壳等组成。四个行星齿轮分别套在十字轴颈上，两个半轴齿轮与四个行星齿轮相互啮合，并一起装在差速器壳体内，两个半壳用螺栓紧固。

2）防滑差速器。汽车上常用的防滑差速器有人工强制锁止式和自锁式两大类。人工强制锁止式差速器是通过驾驶人操纵差速锁，人为地将差速器暂时锁住，使差速器不起差速作用。

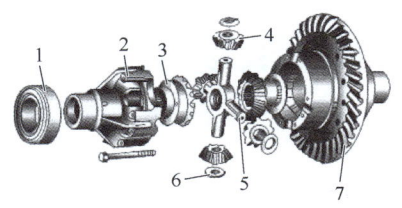

图 1-58 普通差速器的结构
1—轴承 2—差速器壳 3—半轴齿轮
4—行星齿轮 5—十字轴 6—垫片
7—从动锥齿轮

自锁式差速器是在汽车行驶过程中，根据路面情况自动改变驱动轮间的转矩分配。自锁式差速器又可以分为摩擦片式、滑块凸轮式和托森式等多种结构形式。

3. 半轴

半轴如图 1-59 所示，是将差速器输出的转矩传递到驱动轮上的实心轴。其内端通过花键齿与半轴齿轮连接，外端与驱动轮的轮毂相连。

半轴与轮毂在桥壳上的支承形式决定了半轴受力情况，若半轴两端均不承受任何弯矩和反力，只承受转矩的半轴支承称为全浮式半轴；若半轴内端不承受任何弯矩和反力，外端却承受全部弯矩和反力，且承受转矩的半轴支承称为半浮式半轴支承。

4. 桥壳

驱动桥壳如图 1-60 所示，其由主减速器壳和半轴套管组成。其内部用来安装主减速器、

51

图 1-59　半轴

差速器和半轴等；其外部通过悬架与车架相连，两端安装制动底板并连接车轮，承受悬架和车轮传来的各种作用力和力矩。桥壳分为分段式桥壳和整体式桥壳两种类型。

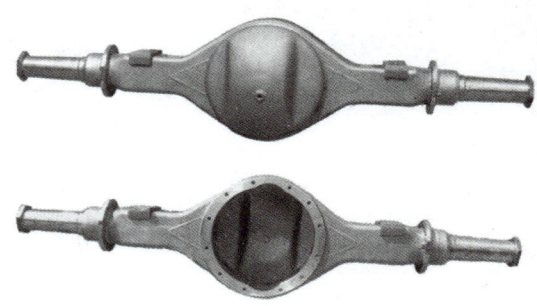

图 1-60　驱动桥壳

【信息收集】

一、现场感受任务描述中的情景，把观察到的现象用几个关键词写出来。

车型：_____

故障部位：_____

故障现象：_____

二、我们的学习任务是什么？

_____

_____

三、汽车驱动桥的组成如图 1-61 所示，请把图中编号填入表 1-31 相应的名称里。

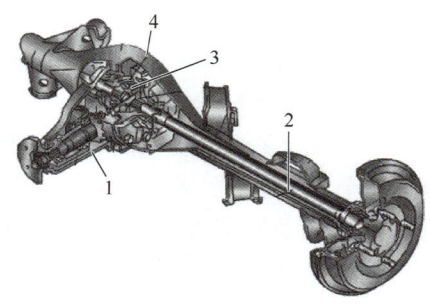

图 1-61　汽车驱动桥的组成

项目一 汽车传动系统检测与维修

表 1-31　驱动桥零件名称

编　号	名　称	编　号	名　称
	主减速器		半轴
	差速器		桥壳

四、主减速器、差速器的组成如图 1-62 所示，请把图中编号填入表 1-32 相应的名称里。

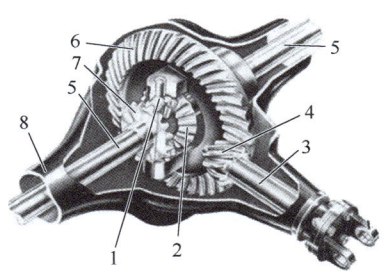

图 1-62　主减速器、差速器的组成

表 1-32　主减速器、差速器零件名称

编　号	名　称	编　号	名　称
	行星齿轮		半轴
	右半轴齿轮		从动锥齿轮
	传动轴		左半轴齿轮
	主动锥齿轮		驱动桥

五、主减速器有哪些类型？其作用是什么？

六、差速器的作用是什么？

七、半轴的作用是什么？桥壳的作用是什么？

八、驱动桥的结构类型有哪些？

九、驱动桥应满足哪些设计要求？
___

【制订计划】

一、小组讨论，制订主减速器及差速器的检测与维修计划。

1. 制订主减速器及差速器的拆装计划

1）主减速器及差速器的拆装方法：
___

2）主减速器及差速器的拆卸步骤：
___

3）主减速器和差速器的装配、调整步骤：
___

2. 制订主减速器及差速器的检测与维修计划

1）检测方法：
___

2）检测项目：
___

项目一 汽车传动系统检测与维修

3）技术标准：

二、小组讨论，选择主减速器、差速器检测与维修可能用到的工具、量具，并在表 1-33 的选项中打"√"。

表 1-33 工具、量具对照表

序号	工具、量具名称	型号	数量	选	择
1	梅花扳手	12~14	2	□可能	□不可能
2	呆扳手	12~14	2	□可能	□不可能
3	扭力扳手	0~300	1	□可能	□不可能
4	棘轮扳手	中号	1	□可能	□不可能
5	套筒	12	1	□可能	□不可能
6	套筒	14	1	□可能	□不可能
7	套筒	17	1	□可能	□不可能
8	游标卡尺	0~150mm	1	□可能	□不可能
9	百分表	0~3	1	□可能	□不可能
10	其他（请填写具体名称）				

三、要完成本工作任务，必须遵守哪些注意事项，请在表 1-34 中相应的位置打"√"。

表 1-34 注意事项表

注 意 事 项	选	择
工具、量具整齐摆放不搁地	□是	□否
"零件、油、水"不落地	□是	□否
严格按照维修技术标准执行	□是	□否

（续）

注 意 事 项	选 择	
严格按照要求规范操作设备	□是	□否
及时记录维修工作数据	□是	□否
维修工作完成后需要按照"6S"的要求恢复工位	□是	□否
其他		

四、小组讨论，完成任务分工并填写表1-35。

表1-35　任务分工表

序号	组长	记录员	操作员	安全员	备注

【实施计划】

一、请结合本小组制订的计划，对主减速器及差速器进行拆卸，并完成相关信息的记录。

1. 在举升机上举升车辆，拆下后车轮及轮胎，放干净后桥_____油，拆下传动轴总成，拆下半轴总成，用液压举升设备支承后桥减速器总成。

完成情况：□是　　　　□否

2. 按对角的顺序拆下_____与后桥壳总成连接的_____个螺母。

完成情况：□是　　　　□否

3. 降下液压举升设备，分离出后桥_____总成。

完成情况：□是　　　　□否

4. 拆下_____调整螺母止动块。

完成情况：□是　　　　□否

5. 拆下_____调整螺母，拆下调整螺母之前，标记好调整螺母的旋入状态，以便在安装时参考。

完成情况：□是　　　　□否

6. 拆下主减速器轴承盖与主减速器壳连接的_____个螺栓，拆下_____个轴承盖。拆下轴承盖之前，先做好配对记号，以便在安装时参考。

完成情况：□是　　　　□否

7. 用木棒撬出_____、_____和差速器轴承组件。

完成情况：□是　　　　□否

8. 拆下_____个从动锥齿轮安装螺栓，拆下从动齿轮。

完成情况：□是　　　　□否

9. 拆卸_____总成。

完成情况：□是　　　　□否

10. 取下_____和_____齿轮。

项目一　汽车传动系统检测与维修

完成情况：□是　　　　□否

11. 拆下主减速器_____油封盖固定螺栓，取下主动锥齿轮总成。

完成情况：□是　　　　□否

二、请结合本小组制订的计划，对主减速器及差速器进行装配和调整，并完成相关信息的记录。

1. 用柴油或煤油清洗_____、_____零部件。

完成情况：□是　　　　□否

2. 装配主动锥齿轮总成。

紧固主动锥齿轮锁紧螺母至_____N·m。检查主动锥齿轮的轴承预紧度，如果轴承预紧度不在_____N·m范围内，适当重新调整主动锥齿轮前轴承调整垫片厚度。

检查结果：_____

技术标准：_____

修理意见：_____

3. 装配差速器总成，从动锥齿轮固定螺栓扭矩为_____N·m。

完成情况：□是　　　　□否

4. 装配主减速器轴承盖与主减速器壳连接的_____个螺栓，并紧固至_____N·m。

完成情况：□是　　　　□否

5. 装上_____个调整螺母，检查差速器轴承侧隙：_____mm，如不符合要求通过调整螺母调整。

检查结果：_____

技术标准：_____

修理意见：_____

6. 检查主减速器主、从动锥齿轮间隙：_____mm。如不符合，通过调整螺母来调整主、从动齿轮间隙。

检查结果：_____

技术标准：_____

修理意见：_____

7. 检查半轴齿轮与行星齿轮的啮合间隙为_____mm，极限值_____mm，如超过此值，更换差速器总成。

检查结果：_____

技术标准：_____

修理意见：_____

8. 主动锥齿轮和从动锥齿轮齿面啮合检查和调整。

1）在从动锥齿轮的_____个齿面上涂上红丹粉或贴上红色的铅薄膜。

完成情况：□是　　　　□否

2）反复转动_____，使有红丹粉的齿面与主动锥齿轮多次接触。

完成情况：□是　　　　□否

3）检查_____的接触印迹。（请在下列符合的项目前面打"√"）

□正常接触

□ 主动锥齿轮距从动锥齿轮太远，加厚主动锥齿轮安装调整垫片，使主动锥齿轮适当靠近从动锥齿轮中心，同时适当外移从动齿轮，以获得合适的齿侧间隙

□ 主动锥齿轮距从动锥齿轮太近，减小主动锥齿轮安装调整垫片，使主动锥齿轮适当远离从动锥齿轮中心，同时适当内移从动锥齿轮，以获得合适的齿侧间隙

完成情况：□是　　　　　□否

9. 装配主减速器调整螺母止动块及螺栓，并紧固至_____N·m。

完成情况：□是　　　　　□否

10. 用液压举升设备支承定位后桥减速器总成，装上主减速器壳与后桥壳总成连接的_____个螺母，并紧固至_____N·m。

完成情况：□是　　　　　□否

11. 移走支承后桥减速器总成的液压举升设备，装上_____总成，装上传动轴总成。

完成情况：□是　　　　　□否

12. 加注后桥齿轮油，齿轮油液面应与加油螺塞安装孔底部平齐，不低于加油螺塞安装孔底部_____mm。加油螺塞力矩为_____N·m。

完成情况：□是　　　　　□否

13. 装上后车轮及_____，在举升机上降下车辆。

完成情况：□是　　　　　□否

三、请结合本小组制订的计划，完成主减速器及差速器零件的检测作业，并完成相关信息的记录。

1. 目视法检查主减速器主动锥齿轮齿面是否有刮伤或严重磨损，若有严重刮伤和磨损应更换新件。

检查结果：_____

技术标准：_____

修理意见：_____

2. 目视法检查主减速器从动锥齿轮齿面是否有刮伤或严重磨损，若有严重刮伤和磨损应更换新件。

检查结果：_____

技术标准：_____

修理意见：_____

3. 目视法检查差速器行星齿轮齿面是否有刮伤或严重磨损，若有严重刮伤和磨损应更换新件。

检查结果：_____

技术标准：_____

修理意见：_____

4. 目视法检查差速器半轴齿轮齿面是否有刮伤或严重磨损，若有严重刮伤和磨损应更换新件。

检查结果：_____

技术标准：_____

修理意见：_____

项目一 汽车传动系统检测与维修

四、根据主减速器、差速器零部件的检修及信息记录，汇总填写检测作业记录表 1-36。

表 1-36 主减速器、差速器检测作业记录表

序号	检测项目	检测结果	技术标准	修理意见
1	检测主动锥齿轮、从动锥齿轮、行星齿轮、半轴齿轮齿面			
2	检测主动锥齿轮轴承预紧度			
3	检测差速器轴承侧隙			
4	检测主、从动锥齿轮间隙			
5	检测半轴齿轮与行星齿轮啮合间隙			
6	检测主动锥齿轮和从动锥齿轮齿面印痕			

【检查与考评】

观察员根据操作员的工作过程评分，具体评分细则见表 1-37。

表 1-37 主减速器、差速器检测考核评分记录表

姓名：_____　班级：_____　成绩：_____　考核时间：40min

序号	考核内容	配分	评分标准	扣分	得分
1	正确使用工具、量具	10	使用不当酌情扣分		
2	正确拆卸主减速器、差速器	10	拆卸错误每处扣 2 分		
3	检测主动锥齿轮、从动锥齿轮、行星齿轮、半轴齿轮齿面	10	检测方法错误扣 4 分 检测结果错误扣 4 分 修理意见错误扣 2 分		
4	检测主动锥齿轮轴承预紧度	10	检测方法错误扣 4 分 检测结果错误扣 4 分 修理意见错误扣 2 分		
5	检测差速器轴承侧隙	10	检测方法错误扣 4 分 检测结果错误扣 4 分 修理意见错误扣 2 分		
6	检测主、从动锥齿轮间隙	10	检测方法错误扣 4 分 检测结果错误扣 4 分 修理意见错误扣 2 分		

（续）

序号	考核内容	配分	评分标准	扣分	得分
7	检测半轴齿轮与行星齿轮啮合间隙	10	检测方法错误扣4分 检测结果错误扣4分 修理意见错误扣2分		
8	检测主动锥齿轮和从动锥齿轮齿面印痕	10	检测方法错误扣4分 检测结果错误扣4分 修理意见错误扣2分		
9	装配主减速器、差速器	10	装配错误每处扣2分		
10	遵守安全操作规程，工具、量具、零部件不落地，操作现场整洁	5	每项扣2分，扣完为止		
	安全用电，防火，无人身、设备事故	5	因违规操作发生重大人身或设备事故，此题按0分计		
11	分数总计	100			

【评价反馈】

一、自我评价

自我评价表见表1-38。

表1-38　自我评价表

我做得好的地方	我还存在这些方面的问题
□动作准确	□动作不到位
□工具使用规范	□工具使用不规范
□拆装步骤熟悉	□拆装步骤不熟悉
□检测步骤熟悉	□检测步骤不熟悉
□工具摆放整齐	□工具摆放不整齐
□操作用时合理	□操作用时过长
□工作态度端正	□工作态度不够端正

二、小组评价

小组评价表见表1-39。

表1-39　小组评价表

评价内容	评价结果	
是否做到小组全员参与	□是	□否
是否做到小组分工明确	□是	□否
是否做到小组工作高效	□是	□否

项目一　汽车传动系统检测与维修

(续)

评价内容	评价结果	
是否发挥小组长的作用	□是	□否
是否认真、合理讲述、展示计划	□是	□否
是否使用文明用语	□是	□否
是否完成工作页或数据记录	□是	□否
是否执行"6S"管理	□是	□否

三、教师评价

教师评价表见表1-40。

表1-40　教师评价表

评价内容	评价指标	星级评定（在相应的等级打√）
活动态度方面	1）态度是否积极，是否主动组织或参与活动 2）与小组同学合作是否良好 3）活动是否认真、善始善终 4）是否勇于克服困难	□一级：☆☆☆☆☆ □二级：☆☆☆☆ □三级：☆☆☆ □四级：☆☆
知识技能方面	1）查阅资料技能 2）实地观察记录能力 3）调查研究能力 4）整理材料能力	□一级：☆☆☆☆☆ □二级：☆☆☆☆ □三级：☆☆☆ □四级：☆☆

【知识巩固】

一、填空题

1. 两侧输出转矩相等的差速器称为_____，也称为_____。

2. 对称式差速器用作_____差速器或由平衡悬架联系的两驱动桥之间的_____差速器。

3. 半轴是在_____与_____之间传递动力的实心轴。

4. 半轴的支承形式有_____和_____两种。

二、选择题

1. 主减速器的作用（　　）。
   A. 提高车轮转速　　　　　　　　B. 提高转矩
   C. 提高发动机输出功率　　　　　D. 提高车速

2. 驱动桥主减速器是用来改变传动方向、降低转速和（　　）。
   A. 产生离地间隙　B. 产生减速比　C. 增大转矩　　D. 减小转矩

3. 解放CA1091汽车采用的是（　　）主减速器。
   A. 双速式　　　　　B. 双级式　　　　　C. 单级式

4. 单级主减速器中，从动锥齿轮两侧的圆锥滚子轴承预紧度的调整应在齿轮啮合调整（　　）。

A. 之前进行　　　　B. 之后进行　　　　C. 同时进行　　　　D. 不分先后进行

5. 在拆卸五菱宏光差速器壳体螺栓时所采用的拧松顺序是（　　）。
   A. 顺时针　　　　　　　　　　　　B. 逆时针，对角
   C. 对角线　　　　　　　　　　　　D. 任意顺序只要拧紧便可

6. 装有普通行星齿轮差速器的汽车，当一个驱动轮陷入泥地时，汽车车轮打滑的原因是（　　）。
   A. 差速器故障　　　　　　　　　　B. 该车轮无转矩
   C. 此时两车轮旋转方向相反　　　　D. 车轮获得的转矩过小

三、判断题

1. 当对称式锥齿轮差速器行星齿轮没有自转时，总是将转矩平均分配给左、右两半轴齿轮。　　　　　　　　　　　　　　　　　　　　　　　　　　　　　（　　）
2. 当采用半浮式半轴支承时，半轴与桥壳没有直接联系。　　　　　　　（　　）
3. 半浮式支承的半轴易于拆装，不需拆卸车轮就可将半轴拆下。　　　（　　）
4. 解放 CA1091 和东风 EQ1090 汽车均采用全浮式支承的半轴，这种半轴除承受转矩外，还承受弯矩的作用。　　　　　　　　　　　　　　　　　　　　　（　　）

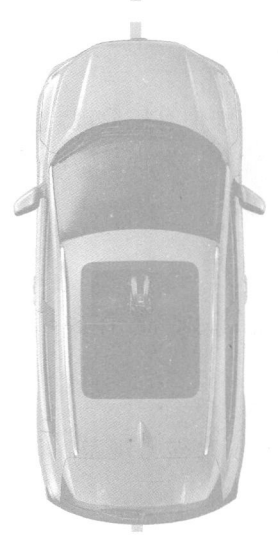

项目二

汽车转向系统检测与维修

本项目主要学习汽车转向系统零部件检查与更换的内容，其目的是让学生深入了解汽车转向系统的作用、结构及工作原理，让学生能正确进行汽车转向系统零部件的维护、检查与更换作业，为后续汽车转向系统故障诊断与排除的学习奠定良好基础。

本项目包括以下学习任务：

任务一　转向传动机构的检查与更换

任务二　转向器的检查与更换

任务一
转向传动机构的检查与更换

【任务描述】

一辆五菱宏光汽车在左右转弯时，转向盘转向沉重费力，在行驶中有蛇形现象，前轮摆动，转向盘抖动手发麻，在直线行驶时有跑偏现象，经维修技师检查，发现是转向传动机构所引起的故障，为了排除故障需要对转向传动机构进行检测与维修。

【学习目标】

1. 能根据维修工单，明确任务内容与要求，并能与组员沟通，合理分配任务；
2. 能叙述转向传动机构的作用、结构和工作原理；
3. 能叙述转向传动机构的动力传动路线；
4. 能准确查阅维修手册，确定转向传动机构相关检测内容、流程与规范，记录相关信息；
5. 能正确选择和使用工具、量具；
6. 能规范进行相应作业项目的自检，并填写作业表；
7. 能严格认真执行"6S"管理规定；
8. 能严格遵守职业道德，具备吃苦耐劳、爱岗敬业的工作态度和职业责任感。

【学习重点】

1. 汽车转向系统结构，转向传动机构的作用、结构和工作原理；
2. 转向传动机构的拆装与检测。

【学习难点】

1. 转向传动机构的工作原理；
2. 转向传动机构的拆装、检测与维修。

【知识准备】

一、汽车机械式转向系统的组成

汽车机械式转向系统主要由转向盘、转向轴、转向万向节、转向传动轴、转向器、转向摇臂、转向直拉杆、转向节臂、左转向节、左转向梯形臂、转向横拉杆、右转向梯形臂、右转向节等组成，如图 2-1 所示。

项目二 汽车转向系统检测与维修

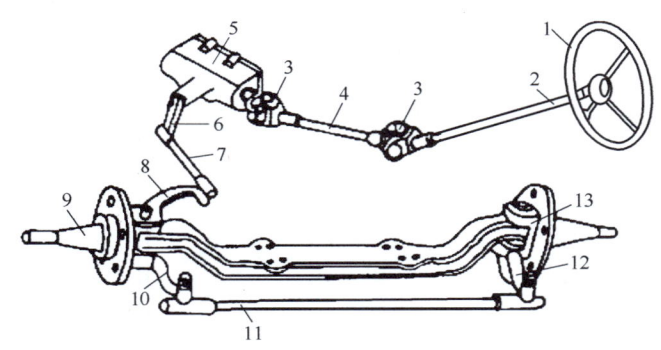

图 2-1 汽车机械式转向系统的组成

1—转向盘 2—转向轴 3—转向万向节 4—转向传动轴 5—转向器 6—转向摇臂
7—转向直拉杆 8—转向节臂 9—左转向节 10—左转向梯形臂 11—转向横拉杆
12—右转向梯形臂 13—右转向节

二、汽车转向系统的作用

汽车转向系统的作用就是按照驾驶人的意愿控制汽车的行驶方向，来改变或保持汽车行驶或倒退的方向。用来改变或保持汽车行驶或倒退方向的一系列装置称为汽车转向系统（Steering System）。

三、转向传动机构的作用

转向传动机构的作用是将转向器输出的力和运动传到转向桥两侧的转向节，使两侧转向轮偏转，并使两转向轮偏转角按一定关系变化，以保证汽车转向时车轮与地面的相对滑动尽可能小。

四、转向传动机构的类型

1）非独立悬架配用的转向传动机构的零件结构如图 2-2 所示。

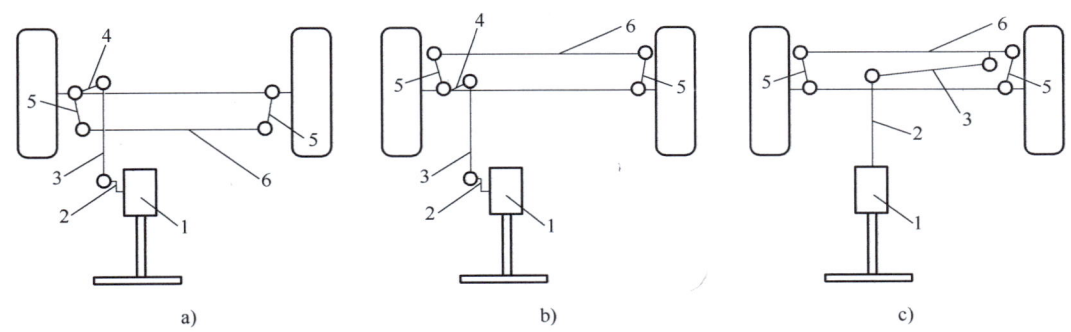

图 2-2 非独立悬架配用的转向传动机构的零件结构

1—转向器 2—转向摇臂 3—转向主拉杆 4—转向节臂 5—梯形臂 6—横拉杆

2）独立悬架配用的转向传动机构的零件结构如图 2-3 所示。

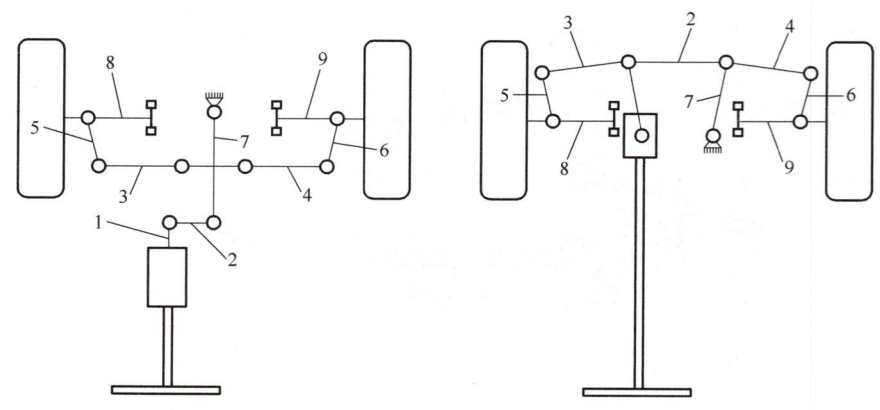

图 2-3 独立悬架配用的转向传动机构的零件结构

1—转向摇臂 2—转向主拉杆 3—左横拉杆 4—右横拉杆 5—左梯形臂 6—右梯形臂
7—摇杆 8—悬架左摆臂 9—悬架右摆臂

五、转向传动机构的工作原理

转向传动机构将转向器输出的力和运动传到转向桥两侧的转向节，使两侧转向轮偏转，且使两转向轮偏转角按一定关系变化，以保证汽车转向时车轮与地面的滚动行驶。

六、转向传动机构的动力传动路线

非独立悬架配用的转向传动机构路线：转向器→转向摇臂→转向直拉杆→转向节臂→梯形臂→横拉杆→车轮。独立悬架配用的转向传动机构路线：转向器→转向垂臂→转向直拉杆→左右横拉杆→左右梯形臂→悬架摆臂→车轮。

【信息收集】

一、现场感受任务描述中的情景，把观察到的现象用几个关键词写出来。

车型：_____

故障部位：_____

故障现象：_____

二、我们的学习任务是什么？

_____

_____

_____

三、汽车机械式转向系统的组成包括什么？请把图 2-4 中的编号填入表 2-1 相应的名称里。

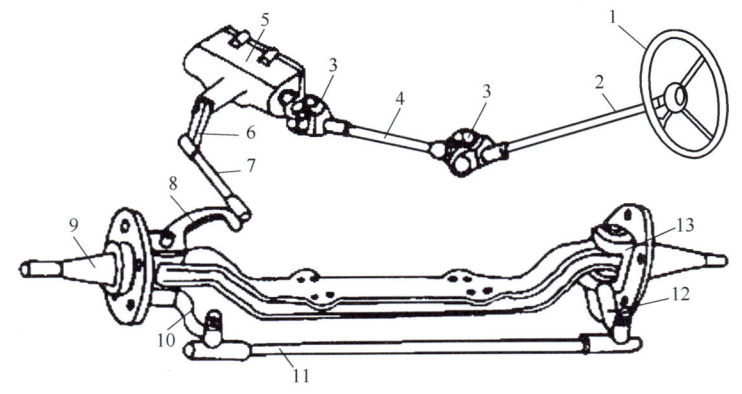

图 2-4　汽车机械式转向系统的组成

表 2-1　转向系统的组成

编　号	名　称	编　号	名　称
	转向盘		转向节臂
	转向轴		左转向节
	转向万向节		左转向梯形臂
	转向传动轴		转向横拉杆
	转向器		右转向梯形臂
	转向摇臂		右转向节
	转向直拉杆		

四、汽车转向系统的作用是什么？

　

　

　

五、转向传动机构的作用是什么？

　

　

　

六、转向传动机构的类型

1. 非独立悬架配用的转向传动机构的零件结构包括什么？请把图 2-5 中的编号填入表 2-2

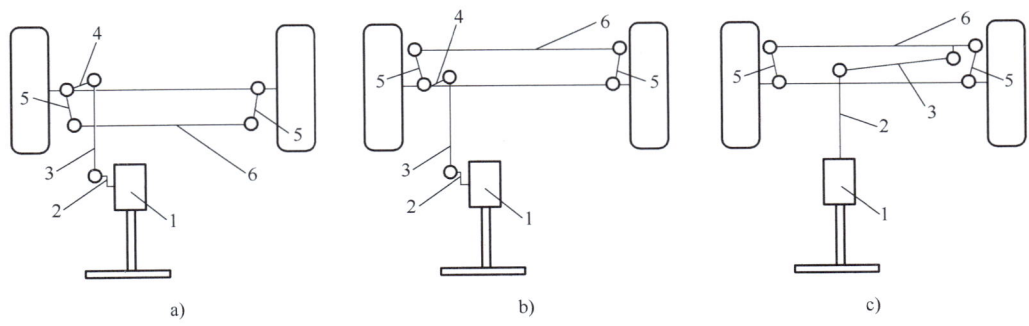

图 2-5　非独立悬架配用的转向传动机构的零件结构

相应的名称里。

表 2-2　非独立悬架转向传动机构零件名称

编　号	名　称	编　号	名　称
	转向器		转向节臂
	转向摇臂		梯形臂
	转向主拉杆		横拉杆

2. 独立悬架配用的转向传动机构的零件结构包括什么？请把图 2-6 中的编号填入表 2-3 相应的名称里。

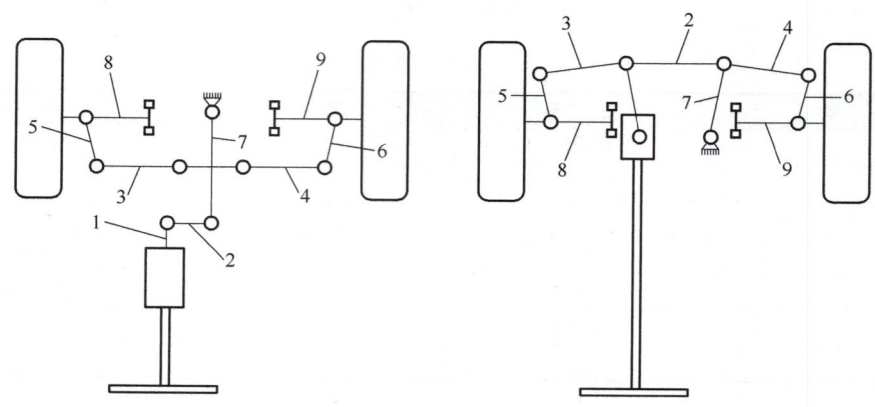

图 2-6　独立悬架配用的转向传动机构的零件结构

表 2-3　独立悬架转向传动机构零件名称

编　号	名　称	编　号	名　称
	转向摇臂		右梯形臂
	转向主拉杆		摇杆
	左横拉杆		悬架左摆臂
	右横拉杆		悬架右摆臂
	左梯形臂		

七、转向传动机构的工作原理是什么？

_____
_____
_____

八、转向传动机构的动力传动路线是怎样的？

_____
_____
_____

项目二 汽车转向系统检测与维修

【制订计划】

一、小组讨论，制订转向传动机构拆装与维修计划。
1. 制订转向传动机构总成的拆装计划
1）转向传动机构拆装方法：

2）转向传动机构总成拆卸步骤：

3）转向传动机构总成装配步骤：

2. 制订转向传动机构的检测计划
1）检测方法：

2）检测项目：

3）技术标准：

二、小组讨论，选择转向传动机构拆装与检测可能用到的工具、量具，并在表 2-4 的选择项中打"√"。

表 2-4　工具、量具对照表

序号	工具、量具名称	型　　号	数量	选　　　　择	
1	梅花扳手	12～14	2	□可能	□不可能
2	呆扳手	12～14	2	□可能	□不可能
3	扭力扳手	0～300	1	□可能	□不可能
4	棘轮扳手	中号	1	□可能	□不可能
5	套筒	12	1	□可能	□不可能
6	套筒	14	1	□可能	□不可能
7	套筒	17	1	□可能	□不可能
8	游标卡尺	0～150mm	1	□可能	□不可能
9	钢直尺	0～300mm	1	□可能	□不可能
10	其他（请填写具体名称）				

三、要完成本工作任务，必须遵守哪些注意事项，请在表 2-5 中相应的位置打"√"。

表 2-5　注意事项表

注　意　事　项	选　　　　择	
工具、量具整齐摆放不搁地	□是	□否
"零件、油、水"不落地	□是	□否
严格按照维修技术标准执行	□是	□否
严格按照要求规范操作设备	□是	□否
及时记录维修工作数据	□是	□否
维修工作完成后需要按照"6S"的要求恢复工位	□是	□否
其他		

四、小组讨论，完成任务分工并填写表 2-6。

表 2-6　任务分工表

序号	组长	记录员	操作员	安全员	备注

【实施计划】

一、请结合本小组制订的计划，对转向传动机构总成进行拆装，并完成相关信息的记录。
1. 拆卸转向传动机构时，必须先拆下遮挡的附件，如驾驶人侧的杂物箱下护板。

项目二　汽车转向系统检测与维修

完成情况：□是　　　　□否

2. 将_____置放于中间点位置并进行标记。

完成情况：□是　　　　□否

3. 拆下柔性_____的固定螺栓。

完成情况：□是　　　　□否

4. 拆下_____与齿条的两个固定螺栓。

完成情况：□是　　　　□否

5. 拆下转向_____。

完成情况：□是　　　　□否

6. 拆下_____壳与串线板上的两个固定螺母。

完成情况：□是　　　　□否

7. 拆下_____，拆下转向器壳与车身上的两个固定螺母。

完成情况：□是　　　　□否

8. 从右轮罩侧取出_____。

完成情况：□是　　　　□否

二、请结合本小组制订的检修计划，完成转向传动机构零部件的检修作业，并完成相关信息记录。

1. 转向传动机构的维护

转向传动机构的维护主要是各球头的检查和_____。

完成情况：□是　　　　□否

2. 车轮垂直向前位置的检查与调整

注意事项，在对转向器或转向管柱总成进行任何操作（拆除和安装或者分解或装配）后，必须检查转向机构垂直向前位置。

1）检测：通过检查_____垂直向前位置尺寸可获得检查转向器相应尺寸。

注意事项：在准确的车轮垂直向前位置时，转向盘必须处于水平位置。

检查结果：_____

技术标准：_____

修理意见：_____

2）调整：标准值为与转向盘中心位置偏差不得大于±_____°，调整时，将转向盘从转向轴上拆下，然后中心对准插入_____花键中，按规定力矩拧紧。

检查结果：_____

技术标准：_____

修理意见：_____

3. 转向盘的自由行程检查

1）转向盘自由行程：为克服转向系统间隙及弹性变形_____所空转过的行程。

转向系统各杆系在正常装配状态下，从转向盘边缘测量，其自由行程应为_____ mm，若自由行程过大，则表明转向器或传动机构接头球销磨损过大，应予调整或更换。

检查结果：_____

技术标准：_____

修理意见：_____

2）测量方法：左、右转动转向盘，感受其无阻力转动的区间，用_____在转向盘边缘测量转向盘在此区间转动时边缘某固定点移动过的距离，即转向盘_____。

检查结果：_____

技术标准：_____

修理意见：_____

3）标准值：普通桑塔纳轿车：_____mm，超过20mm为过大。

4. 横拉杆及球头的检查

1）举升车辆。

2）检查_____是否松旷。

3）检查横拉杆有无弯曲或损坏。

4）检查横拉杆球头_____是否开裂或老化。

检查结果：_____

技术标准：_____

修理意见：_____

5. 下摆臂、球头、_____护套的检查

1）检查下摆臂球头是否有明显间隙。

2）检查下摆臂球头防尘罩是否破裂或老化。

3）检查转向节护套是否开裂或老化。

检查结果：_____

技术标准：_____

修理意见：_____

6. 轮毂轴承的检查

1）检查_____是否松旷。

2）检查轮毂轴承旋转状况。

检查结果：_____

技术标准：_____

修理意见：_____

7. 转向系统其他连接、安装部位的检查

1）检查_____是否松旷。

2）检查上、下转向轴可分离式连接是否松动。

3）检查转向器安装是否松动。

检查结果：_____

技术标准：_____

修理意见：_____

8. 转向直拉杆的检查

检查转向_____是否弯曲变形，球头焊接处有无裂纹或脱焊，球头销转动是否灵活，密封橡胶圈是否损坏，如有不良情况，应予更换。

检查结果：_____

技术标准：_____

修理意见：_____

9. 转向横拉杆的检查

检查转向横拉杆是否弯曲变形，端头球销是否存在卡滞或松旷现象，球销螺纹有无损伤或螺柱有无裂纹，_____是否损坏，若有缺陷，应予更换。

检查结果：_____

技术标准：_____

修理意见：_____

三、根据转向传动机构零部件的检修及信息记录，汇总填写检测作业记录表 2-7。

表 2-7 转向传动机构检测作业记录表

序号	检 测 项 目	检 测 结 果	技 术 标 准	修 理 意 见
1	车轮垂直向前位置的检查与调整			
2	转向盘的自由行程检查			
3	横拉杆及球头的检查			
4	下摆臂、球头、转向节护套的检查			
5	轮毂轴承的检查			
6	转向系统其他连接、安装部位的检查			
7	转向直拉杆的检查			
8	转向横拉杆的检查			

【检查与考评】

观察员根据操作员的工作过程评分，具体评分细则见表 2-8。

表 2-8 转向传动机构检测考核评分记录表

姓名：_____   班级：_____   成绩：_____   考核时间：30min

序号	考核内容	配分	评分标准	扣分	得分
1	正确使用工具、量具	10	使用不当酌情每项扣 2 分		
2	车轮垂直向前位置的检查与调整	10	检查错误每处扣 2 分		
3	转向盘的自由行程检查	10	检查方法错误每项扣 2 分 检查结果错误扣 2 分		

（续）

序号	考核内容	配分	评分标准	扣分	得分
4	横拉杆及球头的检查	10	检查方法错误每项扣2分		
			检查结果错误扣2分		
5	下摆臂、球头、转向节护套的检查	10	检查方法错误每项扣2分		
			检查结果错误扣2分		
6	轮毂轴承的检查	10	检查方法错误每项扣2分		
			检查结果错误扣2分		
7	转向系统其他连接、安装部位的检查	10	检查方法错误每项扣2分		
			检查结果错误扣2分		
8	转向直拉杆的检查	10	检查错误每处每项扣2分		
9	转向横拉杆的检查	10	检查错误每处每项扣2分		
10	遵守安全操作规程，工具、量具、零部件不落地，操作现场整洁	5	每项扣2分，扣完为止		
11	安全用电、防火、无人身、设备事故	5	因违规操作发生重大人身或设备事故，此题按0分计		
12	分数总计	100			

【评价反馈】

一、自我评价

自我评价表见表2-9。

表2-9　自我评价表

我做得好的地方	我还存在这些方面的问题
□动作准确	□动作不到位
□工具使用规范	□工具使用不规范
□拆装步骤熟悉	□拆装步骤不熟悉
□检测步骤熟悉	□检测步骤不熟悉
□工具摆放整齐	□工具摆放不整齐
□操作用时合理	□操作用时过长
□工作态度端正	□工作态度不够端正

二、小组评价

小组评价表见表2-10。

表2-10　小组评价表

评价内容	评价结果	
是否做到小组全员参与	□是	□否
是否做到小组分工明确	□是	□否

项目二 汽车转向系统检测与维修

(续)

评 价 内 容	评 价 结 果	
是否做到小组工作高效	□是	□否
是否发挥小组长的作用	□是	□否
是否认真、合理讲述、展示计划	□是	□否
是否使用文明用语	□是	□否
是否完成工作页或数据记录	□是	□否
是否执行"6S"管理	□是	□否

三、教师评价

教师评价表见表2-11。

表2-11 教师评价表

评 价 内 容	评 价 指 标	星级评定（在相应的等级打√）
活动态度方面	1）态度是否积极，是否主动组织或参与活动 2）与小组同学合作是否良好 3）活动是否认真、善始善终 4）是否勇于克服困难	□一级：☆☆☆☆ □二级：☆☆☆ □三级：☆☆ □四级：☆☆
知识技能方面	1）查阅资料技能 2）实地观察记录能力 3）调查研究能力 4）整理材料能力	□一级：☆☆☆☆ □二级：☆☆☆ □三级：☆☆ □四级：☆☆

【知识巩固】

一、填空题

1. 转向系统由_____、_____和_____构成。
2. 转向传动机构指位于_____和_____之间的所有摆动轴和连接件系统。
3. 在转向传动机构中，为了防止运动干涉，各个横纵拉杆均采用_____进行连接。
4. 为了使汽车能顺利转向，保证转向时两前轮滚动而没有横向滑移，必须使汽车在转弯时各车轮绕_____转向。
5. 转向操纵机构包括_____、_____和_____等部分组成。
6. 按传能介质的不同，转向传力装置分为_____和_____两种。

二、选择题

1. 前轮前束值是通过调整（   ）实现的。
   A. 转向节臂　　　　B. 横拉杆　　　　C. 转向节　　　　D. 纵拉杆
2. 汽车直线行驶时，对转向系统一个很重要的要求是（   ）。
   A. 转向盘摆动　　　　　　　　　　B. 驾驶人随时修正方向
   C. 车轮能自动回正　　　　　　　　D. 轻便
3. 汽车转向时，内外转向轮偏转角间的正确关系是由（   ）来保证的。

75

A. 转向主拉杆　　　　B. 转向梯形　　　　C. 转向器　　　　D. 转向摇臂

4. 转向轴一般由一根（　　）制造。

A. 无缝钢管　　　　B. 实心轴　　　　C. 低碳合金钢　　　　D. 铁

5. 转向盘的自由行程一般在（　　）mm 范围内。

A. 5～10　　　　B. 10～20　　　　C. 25～30　　　　D. 30～35

6. 在动力转向系统中，转向所需的能源来源于（　　）。

A. 驾驶人的体能　　B. 发动机动力　　C. A、B 均有　　D. A、B 均没有

7. 转弯半径是指由转向中心到（　　）。

A. 内转向轮与地面接触点间的距离　　　　B. 外转向轮与地面接触点间的距离
C. 内转向轮之间的距离　　　　　　　　　D. 外转向轮之间的距离

8. 采用齿轮齿条式转向器时，不需（　　），所以结构简单。

A. 转向节臂　　　　　　　　　　　　　　B. 转向摇臂
C. 转向直拉杆　　　　　　　　　　　　　D. 转向横拉杆

9. 转向操纵机构不包括（　　）。

A. 转向盘　　　　B. 转向万向节　　　　C. 转向轴　　　　D. 转向节

10. 在汽车上设置有改变和恢复汽车行驶方向的机构，称为汽车（　　）。

A. 转向盘　　　　B. 转向梯形　　　　C. 转向系统　　　　D. 转向轮

三、判断题

1. 汽车转向时，左右车轮偏转的角度是不相等的。（　　）
2. 转向盘必须空转过一个角度后，车轮才能转动。（　　）
3. 汽车转向时，内侧车轮的偏转角小于外侧车轮的偏转角。（　　）
4. 汽车的转弯半径越小，则汽车的转向机动性能越好。（　　）
5. 采用动力转向系统的汽车，当转向加力装置失效时，汽车也就无法转向了。（　　）
6. 动力转向系统是在机械转向系统的基础上加设一套转向加力装置而形成的。（　　）
7. 转向系统的角传动比越大，则转向越轻便、越灵敏。（　　）
8. 汽车的轴距越小，则转向机动性能越好。（　　）
9. 转向系统的作用是保证汽车转向的。（　　）
10. 动力转向装置在失效时，应能保持机械转向系统仍有效工作。（　　）

项目二 汽车转向系统检测与维修

任务二
转向器的检查与更换

【任务描述】

一辆五菱宏光汽车在直线行驶过程中自动偏向左边，转动转向盘时感觉沉重吃力，而且伴随有异响的现象。经维修技师检查，发现是转向器出现故障，为了排除故障需要对转向器进行拆装与维修。

【学习目标】

1. 能根据维修工单，明确任务内容与要求，并能与组员沟通，合理分配任务；
2. 能叙述转向器的作用、结构和工作原理；
3. 能叙述转向器的动力传动路线；
4. 能准确查阅维修手册，确定转向器相关检测内容、流程与规范，记录相关信息；
5. 能正确选择和使用工具、量具；
6. 能规范进行相应作业项目的自检，并填写作业表；
7. 能严格认真执行"6S"管理规定；
8. 能严格遵守职业道德，具备吃苦耐劳、爱岗敬业的工作态度和职业责任感。

【学习重点】

1. 转向器的作用、结构和工作原理；
2. 转向器的拆装与检测。

【学习难点】

1. 转向器的工作原理；
2. 转向器的拆装、检测与维修。

【知识准备】

一、汽车齿轮齿条式转向器的组成

汽车齿轮齿条式转向器主要由转向横拉杆、横拉杆固定支架、转向节、转向齿条、齿轮轴、转向齿轮和转向器壳体等组成，如图2-7所示。

二、汽车齿轮齿条式转向器的结构特点

齿轮齿条式转向器结构简单，制造方便，工作可靠，使用寿命长，自动回正力强，传动

77

方式是齿轮齿条直接啮合，操纵灵敏度非常高，滑动和转动阻力小，转向非常轻，转矩传递性能较好，其正效率与逆效率都很高，属于可逆式转向器，并可安装转向助力机构。但由于其传动比较小，在使用中受到一定的限制。

三、转向器的作用

转向器具有增大转向盘传到转向传动机构的力和改变力的传递方向的作用。采用动力转向系统的汽车转向所需的能量，在正常情况下，只有小部分是驾驶人提供的体能，而大部分是发动机驱动的油泵所提供的液压能。

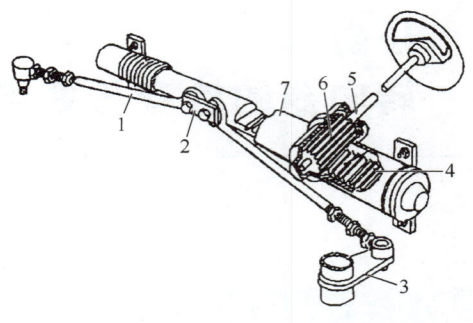

图 2-7　齿轮齿条式转向器的组成
1—转向横拉杆　2—横拉杆固定支架
3—转向节　4—转向齿条　5—齿轮轴
6—转向齿轮　7—转向器壳体

四、机械式转向器的组成

机械式转向器的组成如图 2-8 所示。

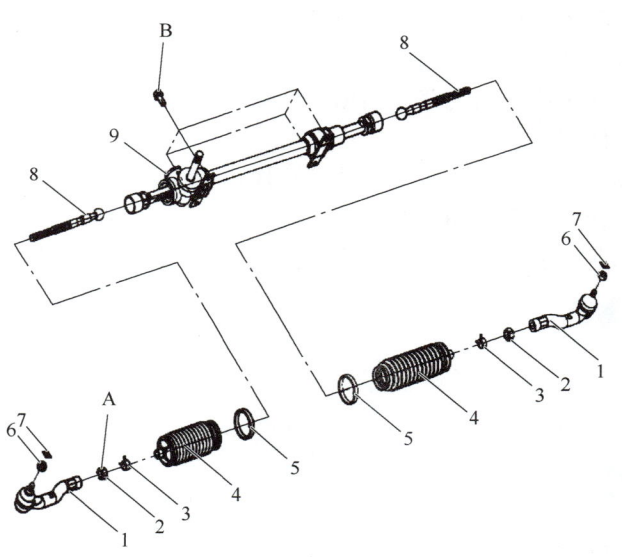

图 2-8　机械式转向器的组成
1—转向拉杆接头合作　2—锁紧螺母　3、5—自紧弹簧　4—伸缩胶套　6—开槽螺母　7—锁销　8—球头拉杆　9—转向器总成

五、机械式转向器的工作原理

机械转向系统的主要部件是双向输出齿轮齿条式机械转向器。驾驶人通过操纵转向盘，将动力经转向管柱及转向传动轴传递给机械转向器的齿轮部分，通过齿轮的带动作用，机械转向器的齿条部分得到了能够驱使齿条左右移动的线性力，该力通过转向拉杆传递给转向节，从而达到改变汽车车轮行驶方向的目的。

六、机械式转向器的动力传动路线

机械式转向器的动力传动路线：转向轴旋转→转向节旋转→转向齿轮轴旋转→转向齿条直线运动→转向横拉杆带动转向节转动。

【信息收集】

一、现场感受任务描述中的情景，把观察到的现象用几个关键词写出来。

车型：_____

故障部位：_____

故障现象：_____

二、我们的学习任务是什么？

_____

_____

三、汽车齿轮齿条式转向器的组成包括什么？请把图 2-9 中的编号填入表 2-12 相应的名称里。

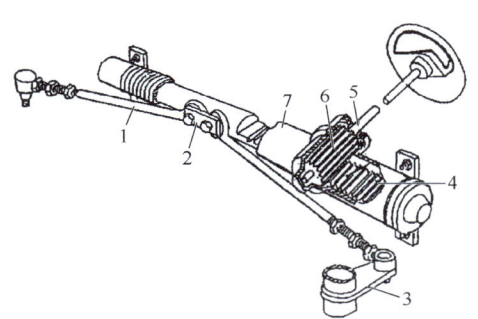

图 2-9　齿轮齿条式转向器的组成

表 2-12　齿轮齿条式转向器零件名称

编　号	名　　称	编　号	名　　称
	转向横拉杆		齿轮轴
	横拉杆固定支架		转向齿轮
	转向节		转向器壳体
	转向齿条		

四、汽车转向器主要有哪几种类型以及结构特点？

_____

_____

_____

_____

五、转向器的作用是什么？
_____
_____
_____

六、机械式转向器的组成包括什么？请把图 2-10 中的编号填入表 2-13 相应的名称里。

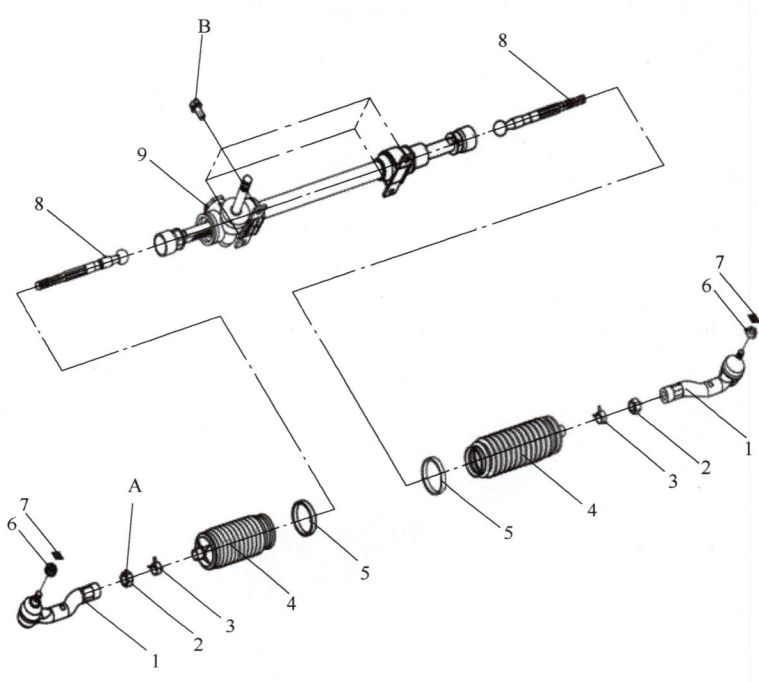

图 2-10　机械式转向器的组成

表 2-13　机械式转向器的组成

编　号	名　称	编　号	名　称
	转向拉杆接头合作		开槽螺母
	锁紧螺母		锁销
	自紧弹簧		球头拉杆
	伸缩胶套		转向器总成
	自紧弹簧		

七、机械式转向器的工作原理是什么？
_____
_____
_____

八、机械式转向器的动力传动路线是怎样的？
_____

项目二 汽车转向系统检测与维修

【制订计划】

一、小组讨论,制订机械式转向器的拆装与检测计划。

1. 制订转向器总成的拆装计划

1)转向器拆装方法:

2)转向器总成拆卸步骤:

3)转向器总成装配步骤:

2. 制订转向器的检测与维修计划

1)检测方法:

2)检测项目:

3)技术标准:

二、小组讨论,选择转向器检测与维修可能用到的工具、量具,并在表2-14的选择项中打"√"。

表2-14 工具、量具对照表

序号	工具、量具名称	型号	数量	选	择
1	梅花扳手	17~19	2	□可能	□不可能
2	呆扳手	17~19	2	□可能	□不可能
3	扭力扳手	0~300	1	□可能	□不可能

81

（续）

序号	工具、量具名称	型　　号	数量	选　　择	
4	棘轮扳手	中号	1	□可能	□不可能
5	套筒	17	1	□可能	□不可能
6	套筒	19	1	□可能	□不可能
7	套筒	21	1	□可能	□不可能
8	游标卡尺	0～150mm	1	□可能	□不可能
9	直角尺	0～300mm	1	□可能	□不可能
10	其他（请填写具体名称）				

三、要完成本工作任务，必须遵守哪些注意事项，请在表 2-15 中相应的位置打"√"。

表 2-15　注意事项表

注　意　事　项	选　　择	
工具、量具整齐摆放不搁地	□是	□否
"零件、油、水"不落地	□是	□否
严格按照维修技术标准执行	□是	□否
严格按照要求规范操作设备	□是	□否
及时记录维修工作数据	□是	□否
维修工作完成后需要按照"6S"的要求恢复工位	□是	□否
其他		

四、小组讨论，完成任务分工并填写表 2-16。

表 2-16　任务分工表

序号	组长	记录员	操作员	安全员	备注

【实施计划】

一、请结合本小组制订的计划，对转向器总成进行拆卸，并完成相关信息的记录。

1. 转向盘及车轮正前位置检查

1）检查正前位置时，起始_____必须处于水平位置，偏离中心不得超过_____，如图 2-11 所示。

完成情况：□是　　　　□否

2）在地面上标记两个_____的中心线，然后将转向盘向右转到底，并再次标记两个轮胎的中心线。

完成情况：□是　　　　□否

3）测量内包角 α 和外包角 β，内包角 α 应为 35°±2°，外包角 β 应为 35°±2°，如图 2-12 所示，如检测结果不符合技术要求应进行调整。

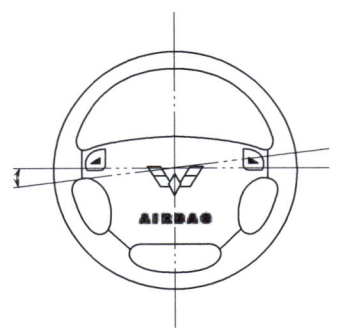

图 2-11　转向盘回正

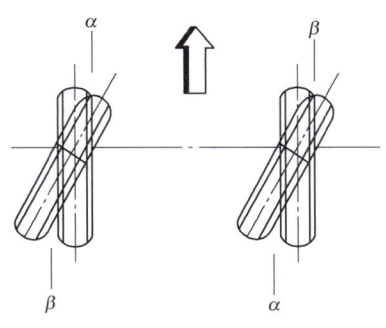

图 2-12　两前轮中心线的位置

完成情况：□是　　　　□否

2. 转向拉杆接头座合件拆卸

1）用扭力扳手先松_____。

完成情况：□是　　　　□否

2）用_____举升车辆，拆下前车轮及轮胎。

完成情况：□是　　　　□否

3）拧松转向_____锁紧螺母，如图 2-13 所示。

完成情况：□是　　　　□否

4）拆下转向拉杆接头座开口销和球头销开槽螺母，并废弃。

完成情况：□是　　　　□否

5）将一个 M10 螺母安装在转向拉杆接头座球头销上，并与销端平齐。

完成情况：□是　　　　□否

6）使用专用工具从转向节上拆下转向拉杆接头座，并同时拆下 M10 螺母，如图 2-14 所示。

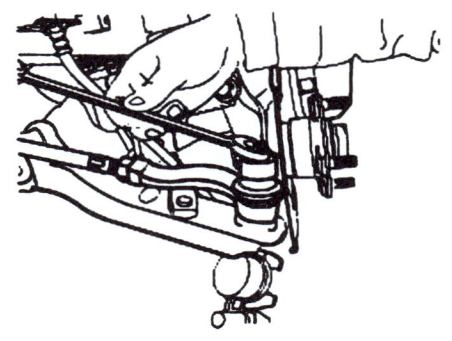

图 2-13　球头螺母

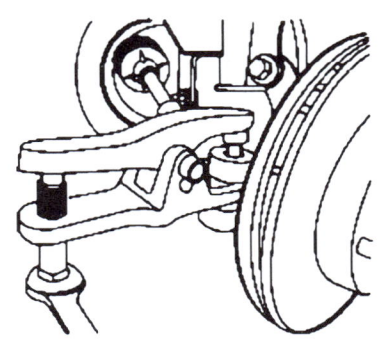

图 2-14　球头拉拔器

完成情况：□是　　　　　□否

7）分离出转向拉杆接头座合件及转向拉杆锁紧螺母，如图 2-15 所示。

完成情况：□是　　　　　□否

8）两边球头螺栓拆卸完成后，拆卸 _____ 与 _____ 转向节螺栓，取出转向器总成，如图 2-16 所示。

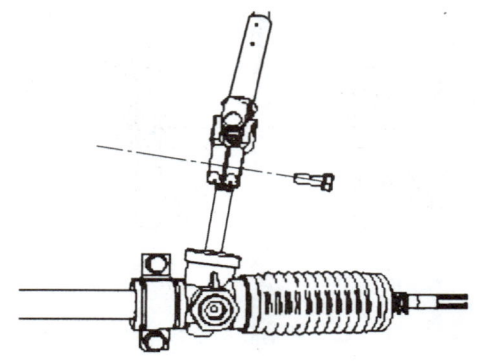

图 2-15　转向轴与传动轴转向节螺栓　　　　图 2-16　转向器总成

完成情况：□是　　　　　□否

3. 转向器胶合护套拆卸

1）拆下转向器胶合护套两端的夹箍及自紧弹簧，并废弃。

完成情况：□是　　　　　□否

2）分离出转向器胶合护套，如图 2-17 所示。

完成情况：□是　　　　　□否

4. 转向球头拉杆合件拆卸

1）撬开防松垫，如图 2-18 所示。

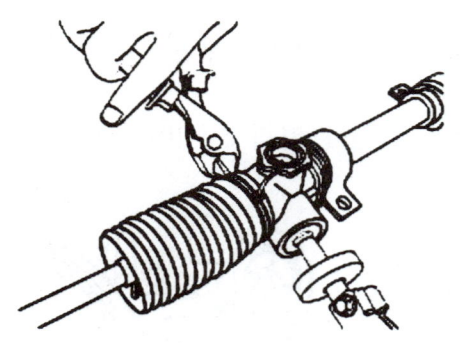 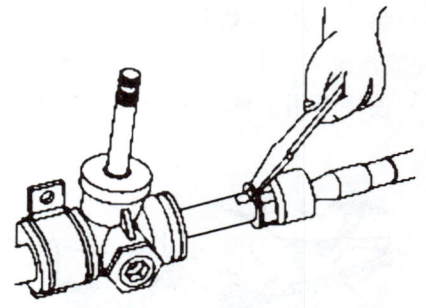

图 2-17　转向器胶合护套　　　　图 2-18　转向球头拉杆防松垫

完成情况：□是　　　　　□否

2）用扳手固定住转向器齿条的同时，拆松转向球头拉杆。

完成情况：□是　　　　　□否

3）分离出转向球头拉杆合件及防松垫，如图 2-19 所示。

完成情况：□是　　　　　□否

项目二 汽车转向系统检测与维修

5. 拆卸齿轮齿条

1）拆下转向器壳体合件连接的四个螺栓。

完成情况：□是　　　　　□否

2）取出齿轮轴。

完成情况：□是　　　　　□否

3）取出齿条。

完成情况：□是　　　　　□否

4）拆卸完成。

二、请结合本小组制订的检修计划，完成转向器零部件的检修作业，并完成相关信息记录。

图 2-19　拆卸转向球头拉杆合件

1. 用检视法或渗透法检查_____有无变形、裂痕，检查其他部位有无油液，如图 2-20 所示，若有漏油，检查并更换油封。

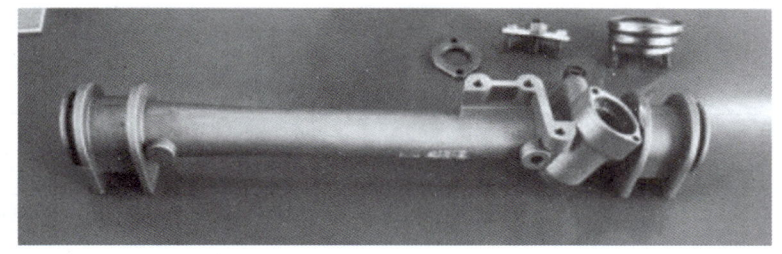

图 2-20　转向器壳体的检查

检查结果：_____

技术标准：_____

修理意见：_____

2. 检查_____是否损坏和老化，若发现有损坏，更换新件，更换全部_____及密封垫。

检查结果：_____

技术标准：_____

修理意见：_____

3. 检查_____是否异常磨损或弯曲变形。

检查结果：_____

技术标准：_____

修理意见：_____

4. 转动转向_____，应运动灵活，无卡滞现象，使用塞尺检查齿轮齿条间隙应符合要求，如无法修复时，应更换转向器总成。

检查结果：_____

技术标准：_____

修理意见：_____

5. 转向齿轮和齿条应采用_____法进行检查，如图 2-21 所示，若有裂纹，更换新的总成。

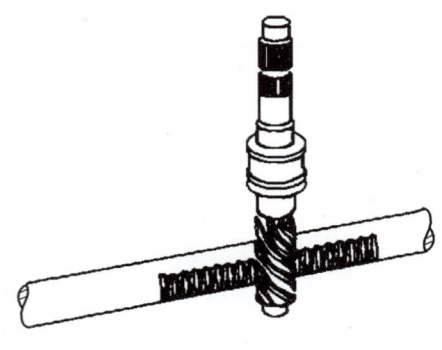

图 2-21　齿轮齿条

检查结果：_____

技术标准：_____

修理意见：_____

6. 目视检查_____背面是否有磨损或损坏，如不符合标准应予以更换。

检查结果：_____

技术标准：_____

修理意见：_____

7. 检查_____、转向螺母是否有裂纹，检查钢球滚道、齿条和齿扇表面是否有严重磨损或剥落，必要时应予更换。

检查结果：_____

技术标准：_____

修理意见：_____

8. 检查_____不得有疲劳、破碎或严重磨损的现象，否则应成组更换。

检查结果：_____

技术标准：_____

修理意见：_____

9. 检查_____是否损坏，必要时应予以更换。

检查结果：_____

技术标准：_____

修理意见：_____

三、根据转向器零部件的检修及信息记录，汇总填写检测作业记录表 2-17。

表 2-17　转向器检测作业记录表

序号	检测项目	检测结果	技术标准	修理意见
1	检测转向器壳体			
2	检测防尘罩			

项目二　汽车转向系统检测与维修

（续）

序号	检测项目	检测结果	技术标准	修理意见
3	检测齿轮及齿条			
4	检测转向器润滑情况			
5	检测球头拉杆			

【检查与考评】

观察员根据操作员的工作过程评分，具体评分细则见表2-18。

表2-18　转向器检测考核评分记录表

姓名：_____　　班级：_____　　成绩：_____　　考核时间：30min

序号	考核内容	配分	评分标准	扣分	得分
1	正确使用工具、量具	10	使用不当酌情每项扣2分		
2	正确拆卸转向器总成	10	拆卸错误每处扣2分		
3	检测转向器壳体	15	检测方法错误每项扣2分 检测结果错误扣2分		
4	检测防尘罩	5	检测方法错误每项扣2分 检测结果错误扣2分		
5	检测齿轮及齿条	15	检测方法错误每项扣2分 检测结果错误扣2分		
6	检测转向器润滑情况	5	检测方法错误每项扣2分 检测结果错误扣2分		
7	检测球头拉杆	10	检测方法错误每项扣2分 检测结果错误扣2分		
8	装配转向器总成	10	装配错误每处扣2分		
9	转向器动力传动路线	10	表述错误每处扣2分		
10	遵守安全操作规程，工具、量具，零部件不落地，操作现场整洁	5	每项扣2分，扣完为止		
11	安全用电，防火，无人身、设备事故	5	因违规操作发生重大人身或设备事故，此题按0分计		
12	分数总计	100			

【评价反馈】

一、自我评价

自我评价表见表2-19。

表2-19 自我评价表

我做得好的地方	我还存在这些方面的问题
□动作准确	□动作不到位
□工具使用规范	□工具使用不规范
□拆装步骤熟悉	□拆装步骤不熟悉
□检测步骤熟悉	□检测步骤不熟悉
□工具摆放整齐	□工具摆放不整齐
□操作用时合理	□操作用时过长
□工作态度端正	□工作态度不够端正

二、小组评价

小组评价表见表2-20。

表2-20 小组评价表

评价内容	评价结果	
是否做到小组全员参与	□是	□否
是否做到小组分工明确	□是	□否
是否做到小组工作高效	□是	□否
是否发挥小组长的作用	□是	□否
是否认真、合理讲述、展示计划	□是	□否
是否使用文明用语	□是	□否
是否完成工作页或数据记录	□是	□否
是否执行"6S"管理	□是	□否

三、教师评价

教师评价表见表2-21。

表2-21 教师评价表

评价内容	评价指标	星级评定（在相应的等级打√）
活动态度方面	1）态度是否积极，是否主动组织或参与活动 2）与小组同学合作是否良好 3）活动是否认真、善始善终 4）是否勇于克服困难	□一级：☆☆☆☆☆ □二级：☆☆☆☆ □三级：☆☆☆ □四级：☆☆
知识技能方面	1）查阅资料技能 2）实地观察记录能力 3）调查研究能力 4）整理材料能力	□一级：☆☆☆☆☆ □二级：☆☆☆☆ □三级：☆☆☆ □四级：☆☆

项目二 汽车转向系统检测与维修

【知识巩固】

一、填空题

1. 转向器的功用是_____转向盘传到转向节的力并改变力的_____。

2. 齿轮齿条式转向机构的转向输入为与转向轴相连的_____，_____与横拉杆相连带动车轮偏转。

3. 为了使汽车能顺利转向，保证转向时两前轮滚动而没有横向滑移，必须使汽车在转弯时各车轮绕_____转向。

4. 转向系统主要的性能参数有：转向器的效率和_____、转向系统的角传动比和_____，以及转向系统的刚度与转向盘的旋转圈数。

5. 与常规动力转向系统相比，电子控制齿轮齿条式转向系统用_____和齿条同轴的_____代替了油泵、油管和液流。

6. 当前还使用的转向器有三种形式：_____、_____和_____。

7. 齿轮齿条式转向器传动副的主动件是_____，从动件是_____。

二、选择题

1. 下列不属于汽车转向器部分的是（　　）。
   A. 齿轮　　　　　　　　　　　　B. 齿条
   C. 转向器壳体　　　　　　　　　D. 转向摇臂

2. 汽车行驶时，路面作用在车轮上的力经过转向器可大部分传递给转向盘，这种转向器称为（　　）转向器。
   A. 可逆式　　　　　　　　　　　B. 不可逆式
   C. 极限可逆式　　　　　　　　　D. 极限不可逆式

3. 采用（　　）转向器时，由于不需要转向摇臂，所以转向传动机构简单。
   A. 循环球式　　　　　　　　　　B. 蜗杆曲柄指销式
   C. 齿轮齿条式　　　　　　　　　D. 蜗杆滚轮式

4. 广泛应用于轻、微型汽车上的动力转向装置的形式是（　　）。
   A. 齿轮齿条式　　　　　　　　　B. 循环球式
   C. 蜗杆曲柄指销式　　　　　　　D. 蜗杆滚轮式

5. 转向系统角传动比越大，转向时驾驶人越（　　）。
   A. 省力　　　B. 费力　　　C. 无影响　　　D. 有影响

6. 转向盘自由间隙大，路面传递的力（　　）。
   A. 越明显　　　　　　　　　　　B. 越不明显
   C. 变化不大　　　　　　　　　　D. 变化大

7. 循环球式转向器是（　　）转向器。
   A. 单传动比　　　　　　　　　　B. 双传动比
   C. 三传动比　　　　　　　　　　D. 无传动比

8. 横拉杆两端螺纹旋向（　　）。
   A. 都是左旋　　　　　　　　　　B. 都是右旋
   C. 一个左旋，一个右旋　　　　　D. 不确定

89

9. 转向盘出现"打手"现象,主要是( )。
 A. 转向盘自由行程小　　　　　　　　B. 转向盘自由行程大
 C. 车速太高　　　　　　　　　　　　D. 车速慢
10. 动力转向装置工作时,转向轮偏角增大时,动力缸内的油压( )。
 A. 增大　　　　B. 减小　　　　C. 不变　　　　D. 都有

三、判断题

1. 转向器的正效率越高越好,驾驶人省力。(　　)
2. 转向器逆效率太高不能回正,太低易打手,既有路感又不打手的逆效率是理想的。(　　)
3. 调整转向器传动副的啮合间隙,可以调整转向盘的自由行程。(　　)
4. 循环球式转向器的传动比一般大于齿轮齿条式转向器。(　　)
5. 转向系统角传动比越大,转向越省力、越灵敏,所以转向系统角传动比应越大越好。(　　)
6. 可逆式转向器的正逆效率都高,但在不平路面上行驶时易出现转向盘"打手"现象。(　　)
7. 蜗杆曲柄指销式转向器啮合间隙是通过增减垫片来调整的。(　　)
8. 转向纵拉杆上的两个弹簧都应安装在各自球头销的同一侧。(　　)
9. 转向横拉杆两端螺纹的旋向不同是为了拆装方便。(　　)
10. 常流式动力转向器中的反作用柱塞是用来使驾驶人对道路有"路感"作用。(　　)

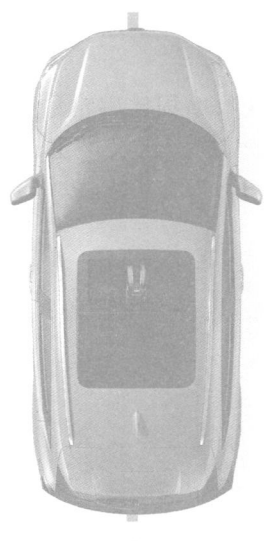

项目三

汽车行驶系统检测与维修

本项目主要学习汽车行驶系统零部件检测（检查）与调整（更换）的内容，其目的是让学生深入了解汽车行驶系统的作用、结构及工作原理，让学生能正确进行汽车行驶系统零部件的检测（检查）与调整（更换）作业，为后续汽车行驶系统故障诊断与排除的学习奠定良好基础。

本项目包括以下学习任务：

任务一　车轮的拆装与换位
任务二　减振器的检查与更换
任务三　四轮定位的检测与调整
任务四　车轮动平衡的检查与调整
任务五　空气悬架的检测与维修
任务六　轮胎胎压传感器的检测与更换

任务一
车轮的拆装与换位

【任务描述】

一辆五菱宏光汽车行驶 2 万 km 后，车主发现汽车前轮轮胎花纹磨损比后轮轮胎花纹磨损严重，把车开到维修店后，维修人员检查后根据车辆的行驶里程，建议车主进行轮胎换位。

【学习目标】

1. 能根据维修工单，明确任务内容与要求，并能与组员沟通，合理分配任务；
2. 能叙述车轮的作用；
3. 能按步骤正确地进行车轮拆装；
4. 能正确地进行车轮的检查与换位；
5. 能正确选择和使用工具、量具；
6. 能规范进行相应作业项目的自检，并填写作业表；
7. 能严格认真执行"6S"管理规定；
8. 能严格遵守职业道德，具备吃苦耐劳、爱岗敬业的工作态度和职业责任感。

【学习重点】

1. 车轮的拆装；
2. 车轮的换位。

【学习难点】

车轮的换位。

【知识准备】

一、汽车行驶系统的作用

汽车行驶系统具有承受汽车的总质量；把来自于传动系统的转矩转化为地面对车辆的牵引力；承受汽车所受的外界力和力矩，保证汽车正常行驶；缓和路面对车身的冲击和振动的作用。

二、汽车车轮和轮胎的作用

车轮安装在车桥上，车桥通过悬架与车架相连接。前轮装在前桥上，后轮装在后桥上。

车轮和轮胎的作用是支承汽车的重量，缓和不平路面所造成的冲击和振动，并通过轮胎与路面存在的附着力来产生驱动力和制动力。

三、车轮的结构

车轮是外部装轮胎、中心装车轴并承受负荷的旋转部件，由轮毂、轮辋和轮辐组成，如图3-1所示。

轮毂：连接车轮和车轴；轮辋：安装和固定轮胎；轮辐：连接轮毂和轮辋。

图3-1　车轮与轮胎
1—轮胎　2—轮辋　3—轮辐　4—装饰罩

四、轮胎的分类

按胎体结构的不同，轮胎可分为充气轮胎和实心轮胎。现代汽车绝大多数采用充气轮胎。按轮胎内空气压力的大小，充气轮胎可分为高压胎（0.5～0.7MPa）、低压胎（0.15～0.45MPa）和超低压胎（0.15MPa以下）三种。低压胎在汽车上广泛使用。

按保持空气方法的不同，充气轮胎分为有内胎轮胎和无内胎轮胎两种。

按胎体帘线粘接方式的不同，充气轮胎分为普通斜交轮胎（图3-2）和子午线轮胎（图3-3）。

 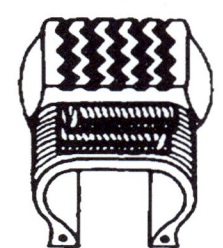

图3-2　普通斜交轮胎　　　　图3-3　子午线轮胎

五、轮胎常见故障及车轮要经常换位的原因

轮胎的常见故障主要是轮胎花纹的异常磨损。

轮胎异常磨损，除气压过高、过低外，还有底盘技术状况变坏，如前轮定位不良、轮毂轴承松旷、横拉杆球节和主销衬套间隙过大、车轮不平衡、轮辋变形或不配套、车桥或车架变形和钢板弹簧技术状况不良等。

由于车身的重量并非平均分摊在四个轮胎上，这样会使四个轮胎的磨损情况不一致，需经常进行车轮换位，有助于保证轮胎的均匀磨损，从而延长轮胎的使用寿命。

六、车轮常用的换位方法

车轮常用的换位方法有交叉换位法、循环换位法和单侧换位法。子午线轮胎的旋转方向应始终不变。若反向旋转，会因钢丝帘线反向变形产生振动，汽车平顺性变差，因此子午线轮胎宜用单侧换位法（图3-4）。

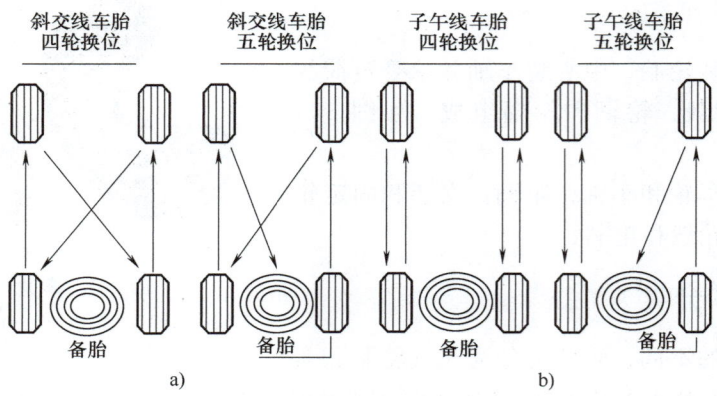

图3-4 车轮的换位方法

七、车轮换位周期

1）前轮驱动的车辆每行驶8000km后应该做一次车轮换位，而四轮驱动的车辆需要在每行驶6000km后进行车轮换位。

2）如果汽车行驶20000km以上都没有进行过车轮换位，轮胎的磨损已经形成，就不建议进行车轮换位了，以免发生跑偏现象。

【信息收集】

一、现场感受任务描述中的情景，把观察到的现象用几个关键词写出来。

车型：_____

故障部位：_____

故障现象：_____

二、我们的学习任务是什么？
_____
_____

三、汽车行驶系统的作用是什么？
_____
_____

四、如图3-5所示，车轮安装在汽车什么位置？车轮的作用是什么？
_____
_____

图 3-5　车轮的安装位置图

五、车轮的组成包括什么？请同学们依据图 3-6 中的编号或实物，写出汽车轮胎部件的名称。

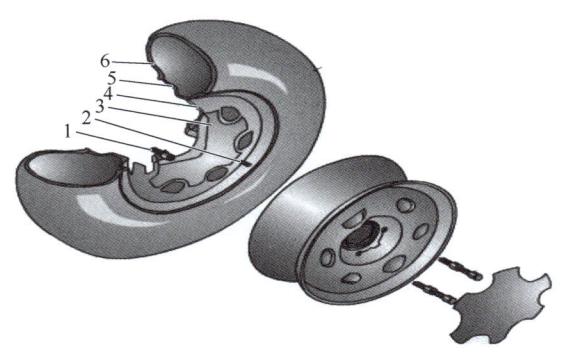

图 3-6　车轮的组成

1：_____　　2：_____　　3：_____
4：_____　　5：_____　　6：_____

六、车轮为什么要换位？

_____
_____

七、车轮换位的方法有哪几种？

_____
_____

八、一般多少公里做一次车轮换位？

_____
_____

【制订计划】

一、小组讨论，制订车轮的拆装及换位计划。

1. 制订车轮的拆装计划

1) 车轮拆卸步骤：

2）车轮装配步骤：

3）车轮换位方法：

2. 制订车轮的检查计划
1）检查项目：

2）检查方法：

3）技术标准：

二、小组讨论，选择车轮拆装与检测可能用到的工具、量具，并在表3-1的选择项中打"√"。

表3-1　工具、量具对照表

序号	工具、量具名称	型　　号	数量	选　　择	
1	梅花扳手	12～14	2	□可能	□不可能
2	气动扳手	世达	1	□可能	□不可能
3	扭力扳手	0～300	1	□可能	□不可能
4	棘轮扳手	大号	1	□可能	□不可能
5	套筒	17	1	□可能	□不可能
6	套筒	19	1	□可能	□不可能
7	套筒	21	1	□可能	□不可能
8	游标卡尺	0～150mm	1	□可能	□不可能
9	气压表	BR168	1	□可能	□不可能
10	其他（请填写具体名称）				

三、要完成本工作任务，必须遵守哪些注意事项，请在表3-2中相应的位置打"√"。

表3-2　注意事项表

注 意 事 项	选　　择	
工具、量具整齐摆放不摞地	□是	□否
"零件、油、水"不落地	□是	□否

（续）

注 意 事 项	选	择
严格按照维修技术标准执行	□是	□否
严格按照要求规范操作设备	□是	□否
及时记录维修工作数据	□是	□否
维修工作完成后需要按照"6S"的要求恢复工位	□是	□否
其他		

四、小组讨论，完成任务分工并填写表3-3。

表 3-3　任务分工表

序号	组长	记录员	操作员	安全员	备注

【实施计划】

一、请结合本小组制订的计划，对车轮进行拆装与换位，并完成相关信息的记录。

1. 拆卸车轮时，必须按_____的方法将四个车轮的螺母拧松，如图3-7所示。
完成情况：□是　　　　□否

2. 将车辆安全举升至轮胎最低点距离地面约20mm的高度，并可靠锁止。
完成情况：□是　　　　□否

3. 拆下轮胎，做好标记，将轮胎放在轮胎架上，如图3-8所示。

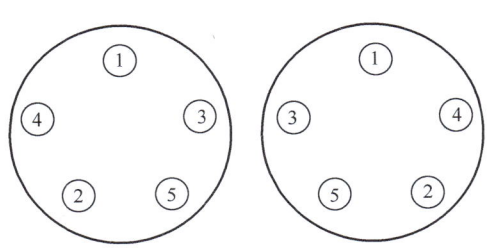

图 3-7　车轮螺母的拧松顺序

图 3-8　轮胎放置

完成情况：□是　　　　□否

4. 车轮换位方法如图3-9所示，方法a将_____交叉换至_____，_____单边换至_____，对于无方向要求的车轮可使用该方法；方法b进行_____单边换位。
完成情况：□是　　　　□否

5. 将车轮换位后，对正螺栓孔，将车轮放置好，用手将_____旋入。
完成情况：□是　　　　□否

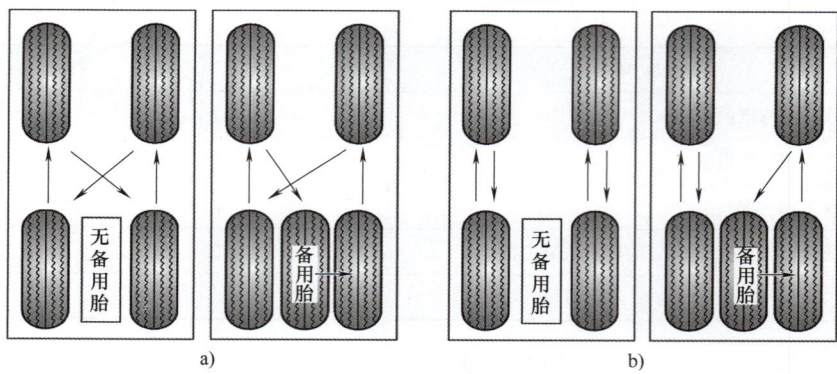

图 3-9　车轮换位方法

6. 使用_____以对角方法将螺母拧紧到合适力矩。

完成情况：□是　　　　　□否

7. 将车降下后，用扭力扳手分_____次对角将螺栓拧紧，规定力矩为_____。

完成情况：□是　　　　　□否

二、请结合本小组制订的检修计划，完成车轮的检查作业，并完成相关信息记录。

1. 车轮外观检查

1）检查轮胎胎面和胎壁是否有裂纹、割痕、鼓包或其他损坏。

□良好　　□有裂纹　　□有割痕　　□有鼓包　　□其他损伤

2）检查轮胎胎面和胎壁是否嵌入金属微粒、石子或其他异物。

□有异物　　□无异物

3）检查轮辋和轮辐是否有变形或损坏、腐蚀，平衡块是否脱落。

□良好　　□有变形或损坏　　□有腐蚀　　□平衡块脱落

2. 轮胎磨损情况检查

1）检查轮胎是否有异常磨损。

□有异常磨损　　□无异常磨损

2）用胎纹规或游标卡尺检查所有轮胎的胎纹深度，如图 3-10 所示，并将测量值填在表 3-4 中。正常轮胎花纹深度不得小于_____。

图 3-10　检查胎纹深度

项目三 汽车行驶系统检测与维修

表 3-4 车轮胎纹深度检查记录表

轮 胎	胎 纹 深 度	是 否 正 常
左前轮胎		
右前轮胎		
左后轮胎		
右后轮胎		

3）检查并记录轮胎气压，如图3-11所示。如果胎压过低则需进行_____；如果胎压过高则需进行_____，直到达到规定要求。

4）检查轮胎气嘴的气密性，将肥皂水涂在气嘴上，如果有冒泡的地方，则说明该处_____，如图3-12所示。

图 3-11 检查轮胎气压

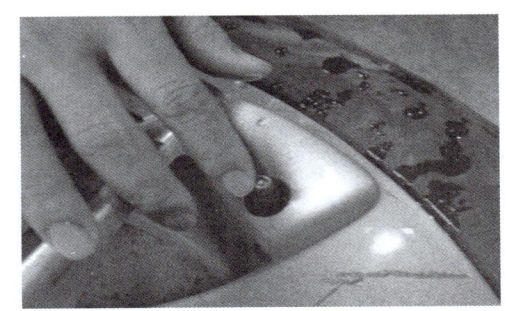

图 3-12 检查轮胎气嘴的气密性

5）检查备用轮胎。

三、根据车轮轮胎的检查及信息记录，汇总填写检测作业记录表3-5。

表 3-5 车轮的拆装及换位作业记录表

序号	作 业 项 目	拆装步骤/检查项目	技术标准/注意事项
1	车轮拆卸		
2	车轮检查与换位		
3	车轮安装		

【检查与考评】

观察员根据操作员的工作过程评分，具体评分细则见表3-6。

表 3-6　车轮的拆装及换位考核评分记录表

姓名：_____　　班级：_____　　成绩：_____　　考核时间：30min

序号	考核内容		配分	评分标准	扣分	得分
1	拆卸车轮	拆卸螺栓方法正确	5	错误一次扣2分		
		顶起汽车部位正确	5	错误一次扣2分		
		取下车轮并做好标记	5	错误一次扣2分		
2	检查车轮	车轮外观检查	10	错误一次扣2分		
		车轮异常磨损检查	10	错误一次扣5分		
		轮胎气压检查	5	错误一次扣2分		
		轮胎气密性检查	5	错误一个扣2分		
		备用轮胎检查	5	错误一个扣2分		
3	换位安装车轮	车轮位置固定正确	5	错误扣5分		
		分次对角拧紧螺栓	5	错误扣5分		
		降下举升机方法正确	10	错误扣5分		
		正确使用扭力扳手分三次对角将螺栓拧紧	10	错误扣5分		
		整理工位	5	错误扣5分		
4	正确使用工具、量具		5	使用不当酌情扣分		
5	遵守安全操作规程，工具、量具，零部件不落地，操作现场整洁		5	每项扣2分，扣完为止		
	安全用电、防火，无人身、设备事故		5	因违规操作发生重大人身或设备事故，此题按0分计		
6	分数总计		100			

【评价反馈】

一、自我评价

自我评价表见表 3-7。

表 3-7　自我评价表

我做得好的地方	我还存在这些方面的问题
□动作准确	□动作不到位
□工具使用规范	□工具使用不规范
□拆装步骤熟悉	□拆装步骤不熟悉
□换位方法熟悉	□换位方法不熟悉
□工具摆放整齐	□工具摆放不整齐
□操作用时合理	□操作用时过长
□工作态度端正	□工作态度不够端正

项目三　汽车行驶系统检测与维修

二、小组评价

小组评价表见表3-8。

表3-8　小组评价表

评价内容	评价结果	
是否做到小组全员参与	□是	□否
是否做到小组分工明确	□是	□否
是否做到小组工作高效	□是	□否
是否发挥小组长的作用	□是	□否
是否认真、合理讲述、展示计划	□是	□否
是否使用文明用语	□是	□否
是否完成工作页或数据记录	□是	□否
是否执行"6S"管理	□是	□否

三、教师评价

教师评价表见表3-9。

表3-9　教师评价表

评价内容	评价指标	星级评定（在相应的等级打√）
活动态度方面	1）态度是否积极，是否主动组织或参与活动 2）与小组同学合作是否良好 3）活动是否认真、善始善终 4）是否勇于克服困难	□一级：☆☆☆☆☆ □二级：☆☆☆☆ □三级：☆☆☆ □四级：☆☆
知识技能方面	1）查阅资料技能 2）实地观察记录能力 3）调查研究能力 4）整理材料能力	□一级：☆☆☆☆☆ □二级：☆☆☆☆ □三级：☆☆☆ □四级：☆☆

【知识巩固】

一、填空题

1. 车轮由_____、_____和轮胎组成。
2. 正常轮胎花纹深度不得小于_____。
3. 轮胎的维护作业主要有拆装作业、_____和_____三个方面。
4. 胎面对轮胎有_____的作用。

二、选择题

1. 下列不属于轮胎换位方法的是（　　）。
   A. 交叉换位法　　　B. 循环换位法　　　C. 单侧换位法　　　D. 左右换位法
2. 左前轮与左后轮对调、右前轮与右后轮对调属于（　　）。
   A. 交叉换位法　　　B. 循环换位法　　　C. 单侧换位法　　　D. 左右换位法
3. 安装车轮时，用扭力扳手分（　　）次对角将螺栓拧紧。

A. 一　　　　　　B. 两　　　　　　C. 三　　　　　　D. 四

4. 按照轮胎的花纹可以将轮胎分为（　　）。（多选题）

　A. 普通花纹轮胎　　　　　　　　B. 横向花纹轮胎

　C. 纵向折线花纹轮胎　　　　　　D. 子午线轮胎

5. 轮胎外胎由（　　）组成。（多选题）

　A. 胎面　　　　　B. 帘布层　　　　C. 缓冲层　　　　D. 胎圈

6. 轮胎的正常胎压一般为（　　）。

　A. 150～180kPa　　B. 180～210kPa　　C. 220～250kPa　　D. 260～290kPa

7. 我国规定轿车用的子午线轮胎花纹磨损极限为（　　）。

　A. 1.2mm　　　　B. 1.4mm　　　　C. 1.6mm　　　　D. 1.8mm

8. 车轮拧紧力矩第一次为（　　），第二次为（　　），第三次为（　　）。

　A. 50N·m　　　　B. 75N·m　　　　C. 100N·m　　　　D. 130N·m

9. 目视检查轮胎，应检查（　　）。（多选题）

　A. 胎面有无破损　　　　　　　　B. 轮辋有无变形或裂纹

　C. 胎纹沟槽是否有异物　　　　　D. 胎侧有无鼓包

10. 用（　　）可以检查所有轮胎的胎纹深度。（多选题）

　A. 钢直尺　　　　B. 胎纹规　　　　C. 游标卡尺　　　　D. 钢卷尺

三、判断题

1. 紧固轮胎螺栓时，应一次性把轮胎螺栓拧紧。（　　）
2. 更换轮胎时必须更换新的密封环。（　　）
3. 轮胎耐磨性能取决于轮胎结构、花纹、胎面和使用条件。（　　）
4. 胎体由多层硅胶帘布按一定交叉贴合而成。（　　）
5. 温度与轮胎的寿命成正比关系。（　　）
6. 子午线轮胎的胎体与胎圈是垂直相交的。（　　）
7. 在第一次充气时，用锤子敲打锁圈应站在锁圈的正前方。（　　）
8. 检查中发现轮胎气压低于标准气压40%以上的轮胎必须拆检。（　　）
9. 轮胎的前束调整不当，会导致轮胎不均匀磨损，缩短其寿命。（　　）
10. 在更换有裂纹的挡圈或轮辋时，内侧车轮也必须进行双胎放气。（　　）

项目三　汽车行驶系统检测与维修

任务二
减振器的检查与更换

【任务描述】

一辆五菱宏光轿车在路面上行驶时，车身强烈振动并连续跳动，无衰减迹象，有时在一定范围内会发生"摆头"现象。经检查，发现前左减振器漏油。为了排除故障需要对前左减振器进行检查与更换。

【学习目标】

1. 能根据维修工单，明确任务内容与要求，并能与组员沟通，合理分配任务；
2. 能够说出汽车悬架系统的组成和类型、减振器的工作原理；
3. 能够对悬架总成进行实车拆装和分解；
4. 能够对减振器和螺旋弹簧进行检查；
5. 能正确选择和使用工具、量具；
6. 能规范进行相应作业项目的自检，并填写作业表；
7. 能严格认真执行"6S"管理规定；
8. 能严格遵守职业道德，具备吃苦耐劳、爱岗敬业的工作态度和职业责任感。

【学习重点】

1. 减振器的拆装；
2. 减振器的检查。

【学习难点】

减振器的检查。

【知识准备】

一、认识汽车悬架

悬架系统是车架（或车身）与车轮之间一切传力连接装置的总称，主要由前悬架和后悬架两部分组成，如图3-13所示。

前后悬架一般都是由弹性元件、减振器和导向机构（横向稳定杆、摆臂、纵向推力杆）等三部分组成的，它们分别起着缓冲、减振、导向和传递力及力矩的作用，如图3-14所示。

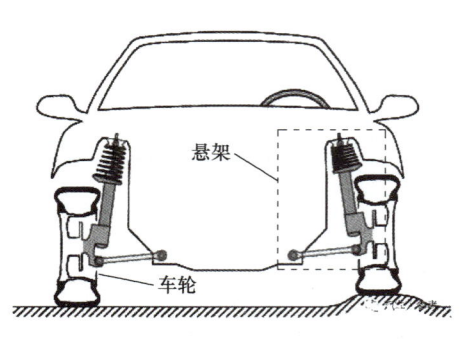

图 3-13　汽车悬架

图 3-14　悬架的组成

1—摆臂　2—弹性元件　3—减振器

二、汽车悬架系统的作用

汽车悬架系统具有如下作用：

1）连接车架（或车身）和车轮，将路面作用到车轮的各种力传给车架（或车身）。

2）缓和冲击、衰减振动，使乘坐更为舒适，使车辆具有良好的平顺性。

3）保证汽车具有良好的操纵稳定性。

三、悬架的类型

1）悬架按控制形式的不同可分为主动悬架和被动悬架两种类型。

2）悬架按汽车导向装置的不同可分为独立悬架、非独立悬架两种类型，如图 3-15 和图 3-16 所示。

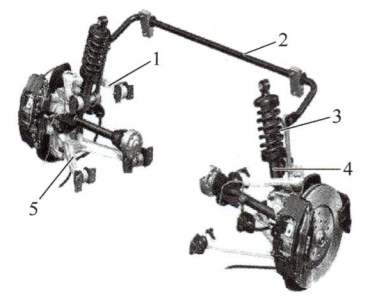

图 3-15　独立悬架

1—上摆臂　2—稳定杆　3—螺旋弹簧
4—减振器　5—下摆臂

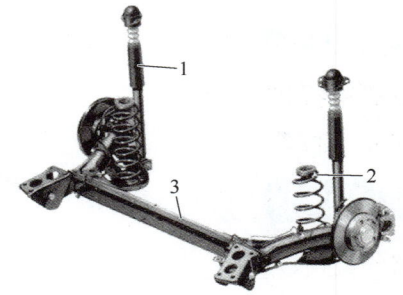

图 3-16　非独立悬架

1—减振器　2—螺旋弹簧　3—扭力梁

四、减振器的作用及常见类型

减振器可以衰减由路面冲击产生的振动，使振动的振幅迅速减小。目前汽车上应用最广泛的是液压双向作用筒式减振器（图 3-17）和液压充气式减振器（图 3-18）。

双筒充气式液压减振器在储油缸体内部会充氮气，氮气的作用是利用气体可压缩的特性来补偿活塞杆进入压力筒占用液压油的空间。氮气作为惰性气体,能够有效地避免液压油氧化。

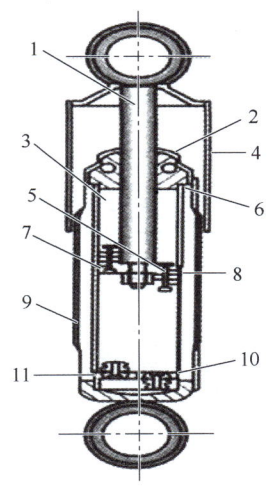

图 3-17　液压双向作用筒式减振器

1—活塞杆　2—油封　3—工作缸筒　4—防尘罩
5—活塞　6—导向座　7—伸张阀　8—流通阀
9—储油缸筒　10—补偿阀　11—压缩阀

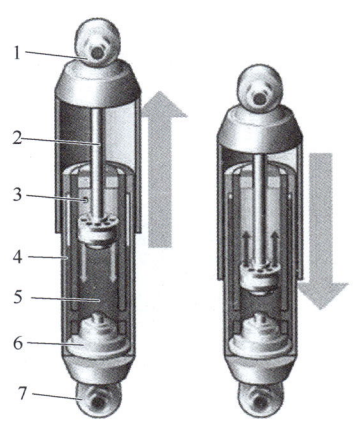

图 3-18　液压充气式减振器

1—上固定点　2—活塞杆　3—液压油
4—储油缸体　5—压力筒　6—底阀
7—下固定点

五、双向作用筒式减振器的工作原理

双向作用筒式减振器的工作原理主要包括压缩和伸张两个行程。

在处于压缩行程时,当车桥移近车架(或车身)时,减振器压缩,活塞下移,使其下方腔室容积减小,油压升高。具有一定压力的油液顶开流通阀进入活塞上方腔室。由于活塞杆占据上腔室的部分容积,使上腔室增加的容积小于下腔室减小的容积,因此,还有一部分油液不能进入上腔室而只能压开压缩阀,流回储油缸筒。油液流经上述阀孔时,受到一定的节流阻力,为了克服这种阻力需消耗振动能量,从而使振动衰减。

在伸张行程时,当车桥相对远离车架(或车身)时,减振器受拉伸,活塞上移,使其上腔室油压升高。上腔室的油液便推开伸张阀流入下腔室。同样由于活塞杆的存在,上腔室减小的容积小于下腔室增加的容积,因而从上腔室流出的油液不足以充满下腔室所增加的容积,使下腔室产生一定的真空度,这时储油缸筒中的油液在真空度作用下推开补偿阀流进下腔室进行补充。

六、减振器常见故障

减振器常见的故障主要有漏油、减振器效能降低、减振器异响三方面。

【信息收集】

一、现场感受任务描述中的情景,把观察到的现象用几个关键词写出来。

车型:_____

故障部位:_____

故障现象：_____

二、我们的学习任务是什么？
_____
_____

三、什么是汽车的悬架？它由哪些部分组成？说出图 3-19 中 1 和 2 的名称。

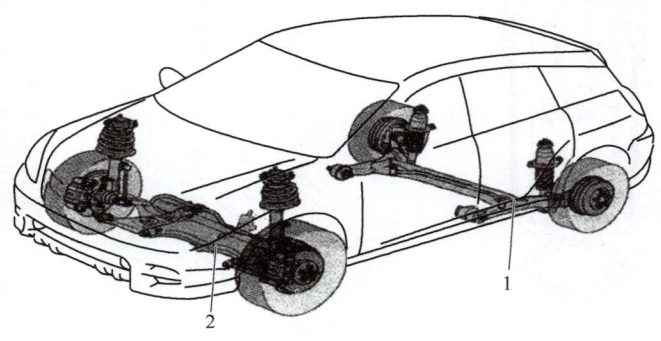

图 3-19　悬架的组成

_____
_____

四、汽车悬架有什么作用？
_____
_____

五、悬架的类型有哪些？说出图 3-20 和图 3-21 悬架的类型。

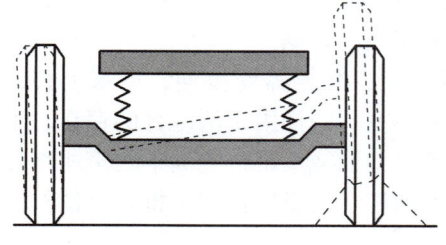　　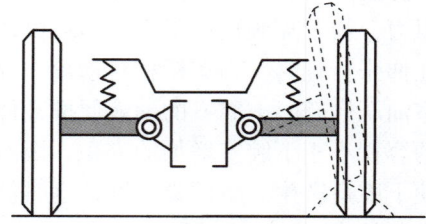

图 3-20　悬架的类型 a　　　　　　　图 3-21　悬架的类型 b

_____
_____

六、汽车减振器有什么作用？
_____
_____

七、常见的减振器类型有哪些?

_____

_____

八、图 3-22 所示为液压双向作用筒式减振器,请同学们依据图中的编号,写出该减振器各零件的名称。

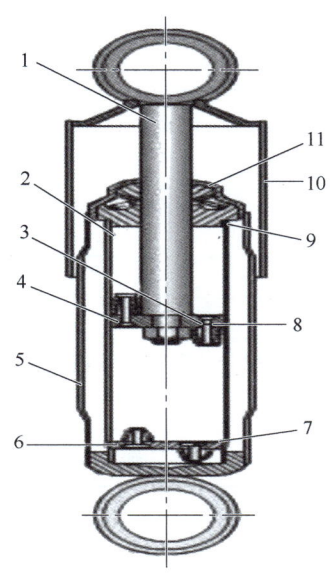

图 3-22　液压双向作用筒式减振器

1. _____　2. _____　3. _____
4. _____　5. _____　6. _____
7. _____　8. _____　9. _____
10. _____　11. _____

九、减振器的常见故障有哪些?

_____

_____

【制订计划】

一、小组讨论,制订减振器的检查与更换计划。

1. 制订减振器的拆装计划

1)减振器拆卸步骤:

_____

_____

2)减振器装配步骤:

_____

_____

2. 制订减振器的检查与更换计划

1）检查项目：
_____
_____
_____

2）检查方法：
_____
_____
_____

3）技术标准：
_____
_____
_____

二、小组讨论，选择减振器的检查与更换可能用到的工具、量具，并在表 3-10 的选择项中打"√"。

表 3-10　工具、量具对照表

序号	工具、量具名称	型　号	数量	选　　择	
1	梅花扳手	12～14	2	□可能	□不可能
2	气动扳手	世达	1	□可能	□不可能
3	扭力扳手	0～300	1	□可能	□不可能
4	棘轮扳手	大号	1	□可能	□不可能
5	套筒	17	1	□可能	□不可能
6	套筒	19	1	□可能	□不可能
7	套筒	21	1	□可能	□不可能
8	螺旋弹簧拆装工具		2	□可能	□不可能
9	胎压表	BR168	1	□可能	□不可能
10	其他（请填写具体名称）				

三、要完成本工作任务，必须遵守哪些注意事项，请在表 3-11 中相应的位置打"√"。

表 3-11　注意事项表

注 意 事 项	选　　择	
工具、量具整齐摆放不搁地	□是	□否
"零件、油、水"不落地	□是	□否
严格按照维修技术标准执行	□是	□否
严格按照要求规范操作设备	□是	□否
及时记录维修工作数据	□是	□否
维修工作完成后需要进行工作现场 6S 管理	□是	□否
其他		

项目三　汽车行驶系统检测与维修

四、小组讨论，完成任务分工并填写表 3-12。

表 3-12　任务分工表

序号	组长	记录员	操作员	安全员	备注

【实施计划】

一、请结合本小组制订的计划，对减振器进行检查与更换，并完成相关信息的记录。

1. 拆下左前车轮，并将车轮放好。

　　完成情况：□是　　　　　□否

2. 拆下左前制动软管与左前减振器连接接头_____，断开左前制动软管，断开左前轮速_____，如图 3-23 所示。

　　完成情况：□是　　　　　□否

3. 拆下横向稳定杆球头拉杆与前减振器连接_____，断开横向稳定杆球头_____，如图 3-24 所示。

　　完成情况：□是　　　　　□否

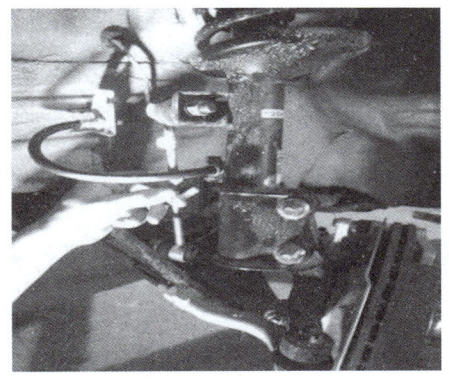

图 3-23　拆下连接接头

图 3-24　拆下连接螺母

4. 用呆扳手固定住前减振器及螺旋弹簧总成与转向节连接螺栓的同时，拆下两个螺母，并随后取下两个螺栓，断开_____，如图 3-25 所示。

　　完成情况：□是　　　　　□否

5. 拆下前减振器及螺旋弹簧总成与车身连接的三个_____，如图 3-26 所示。

　　完成情况：□是　　　　　□否

6. 分离出左前减振器及螺旋弹簧总成，如图 3-27 所示。

　　完成情况：□是　　　　　□否

7. 拆下减振器防尘罩，拧松减振器活塞杆顶端螺母，如图 3-28 所示。

　　完成情况：□是　　　　　□否

图 3-25 拆下转向节螺栓

图 3-26 拆下三个螺母

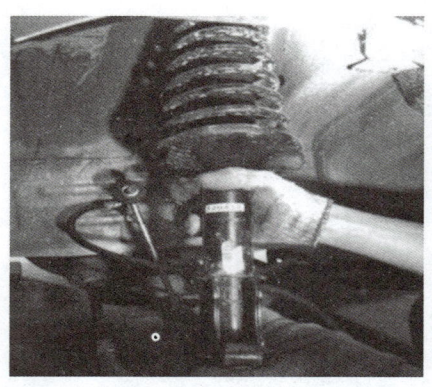

图 3-27 分离出左前减振器及螺旋弹簧总成

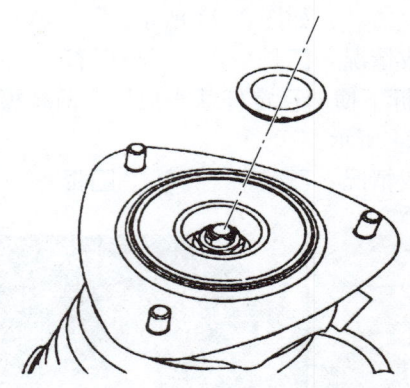

图 3-28 拆下活塞杆顶端螺母

8. 用螺旋弹簧压缩器压缩螺旋弹簧，拆下减振器活塞杆顶端螺母，取下弹簧上支座、减振器上支承轴承、弹簧上座合件，如图 3-29 所示。

完成情况：□是　　　　□否

9. 分离出螺旋弹簧，如图 3-30 所示。

完成情况：□是　　　　□否

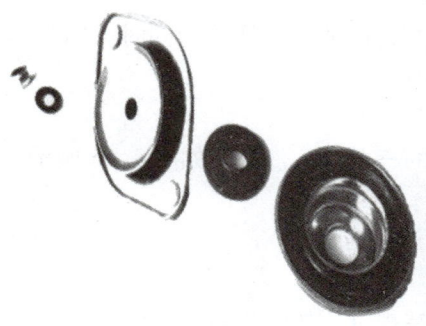

图 3-29 拆下减振器顶端

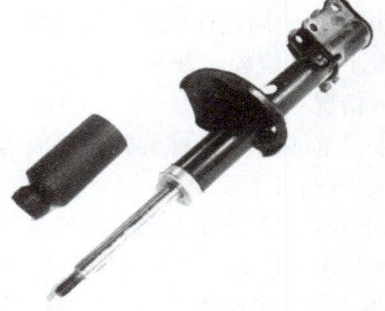

图 3-30 分离出螺旋弹簧

项目三　汽车行驶系统检测与维修

二、请结合本小组制订的检修计划，完成减振器的检查作业，并完成相关信息记录。

1. 检查减振器是否漏油或者有陈旧性漏油的痕迹，若有，则需_____。
   □有漏油　□有陈旧性漏油痕迹　□无漏油

2. 检查油封垫圈、密封垫圈是否破裂损坏，若有，则更换_____。
   □油封垫圈损坏　□密封垫圈损坏　□均无损坏

3. 检查储油缸盖螺母是否松动，若松动，则_____。
   □有松动　□无松动

4. 检查减振器连接销、连接杆、橡胶衬套等是否有损坏、破裂或脱落，若有，则_____。
   □有损坏　□有破裂　□有脱落　□均无损坏

5. 检查减振器阻力是否异常，若有，则需_____。
   □有异常　□无异常

6. 检查减振器活塞杆有无弯曲变形，若有，则需_____。
   □有弯曲变形　□无弯曲变形

三、根据减振器的检查及信息记录，汇总填写检测作业记录表3-13。

表3-13　减振器的检查与更换作业记录表

序号	检测项目	检测结果	技术标准	修理意见
1	检测减振器是否有油泄漏			
2	检测减振器外观是否有损坏			
3	检测减振器是否有弯曲变形			
4	检测储油缸盖螺母是否松动			
5	检测油封垫圈是否损坏			
6	检测减振器阻力是否异常			

【检查与考评】

观察员根据操作员的工作过程评分，具体评分细则见表3-14。

表 3-14 减振器的检查与更换考核评分记录表

姓名：_____   班级：_____   成绩：_____   考核时间：30min

序号	考核内容		配分	评分标准	扣分	得分
1	减振器的拆卸与检查	拆卸减振器方法正确	10	错误一次扣2分		
		检查减振器外观是否有损坏	5	未做扣5分		
		检查减振器是否有油泄漏	5	未做扣5分		
		检查减振器是否有弯曲变形	5	未做扣5分		
		检查储油缸盖螺母是否松动	5	未做扣5分		
		检查油封垫圈是否损坏	5	错误一次扣2分		
		检查减振器阻力是否异常	5	错误一次扣5分		
		检查减振器是否有不正常声音	5	错误一次扣2分		
2	更换与安装	更换有问题的减振器	15	错误扣5分		
		安装减振器方法正确	15	错误扣5分		
		整理工位	5	错误扣5分		
3	正确使用工具、量具		10	使用不当酌情扣分		
4	遵守安全操作规程，工具、量具、零部件不落地，操作现场整洁		5	每项扣2分，扣完为止		
	安全用电、防火、无人身、设备事故		5	因违规操作发生重大人身或设备事故，此题按0分计		
5	分数总计		100			

【评价反馈】

一、自我评价

自我评价表见表 3-15。

表 3-15 自我评价表

我做得好的地方	我还存在这些方面的问题
□动作准确	□动作不到位
□工具使用规范	□工具使用不规范
□拆装步骤熟悉	□拆装步骤不熟悉
□检查方法熟悉	□检查方法不熟悉
□工具摆放整齐	□工具摆放不整齐
□操作用时合理	□操作用时过长
□工作态度端正	□工作态度不够端正

二、小组评价

小组评价表见表 3-16。

项目三　汽车行驶系统检测与维修

表 3-16　小组评价表

评价内容	评价结果	
是否做到小组全员参与	□是	□否
是否做到小组分工明确	□是	□否
是否做到小组工作高效	□是	□否
是否发挥小组长的作用	□是	□否
是否认真、合理讲述、展示计划	□是	□否
是否使用文明用语	□是	□否
是否完成工作页或数据记录	□是	□否
是否执行"6S"管理	□是	□否

三、教师评价

教师评价表见表 3-17。

表 3-17　教师评价表

评价内容	评价指标	星级评定（在相应的等级打√）
活动态度方面	1）态度是否积极，是否主动组织或参与活动 2）与小组同学合作是否良好 3）活动是否认真、善始善终 4）是否勇于克服困难	□一级：☆☆☆☆☆ □二级：☆☆☆☆ □三级：☆☆☆ □四级：☆☆
知识技能方面	1）查阅资料技能 2）实地观察记录能力 3）调查研究能力 4）整理材料能力	□一级：☆☆☆☆☆ □二级：☆☆☆☆ □三级：☆☆☆ □四级：☆☆

【知识巩固】

一、填空题

1. 汽车悬架一般有_____和_____两种。
2. 汽车悬架是_____与_____之间的弹性传力装置。
3. 汽车广泛采用_____减振器。
4. 汽车减振器可提供_____，改善_____以及全面良好的行驶稳定性。

二、选择题

1. 悬架一般由（　　）组成。（多选题）
   A. 弹性元件　　　　B. 导向装置　　　　C. 减振器　　　　D. 横向稳定杆
2. 螺旋弹簧与钢板弹簧相比，具有（　　）优点。（多选题）
   A. 无须润滑　　　　B. 占用空间大　　　C. 防污性强　　　　D. 弹簧质量大
3. 在悬架伸张行程中，减振器阻尼力应（　　），以达到迅速减振的目的。
   A. 较小　　　　　　B. 较大　　　　　　C. 不变
4. 减振器会影响车子的（　　）。（多选题）

A. 舒适性　　　　　B. 操控性　　　　　C. 平顺性　　　　　D. 智能性
5. 减振器漏油严重的原因主要有（　　）。（多选题）
A. 油封磨损或损坏　B. 衬垫破裂压碎　　C. 螺塞松动　　　　D. 轴承松动
6. 减振器效能的检查，可以先用力压减振器上车身部位，振动几次，松开后，若能振动（　　）次以上，表明减振器效能未降低。
A. 一　　　　　　　B. 两　　　　　　　C. 三　　　　　　　D. 四
7. 减振器安装时，支架上的自锁螺母拧紧力矩一般为（　　）。
A. 35N·m　　　　　B. 45N·m　　　　　C. 55N·m　　　　　D. 65N·m
8. 减振器安装时，减振器支承上的螺母拧紧力矩一般为（　　）。
A. 20～30N·m　　　B. 30～40N·m　　　C. 40～50N·m　　　D. 60～70N·m
9. 使车身与车轮之间保持连接，可以缓和路面冲击的部件是（　　）。
A. 弹性元件　　　　B. 导向装置　　　　C. 减振器　　　　　D. 横向稳定杆
10. 减振器支承轴承若有（　　）现象，则应进行更换。（多选题）
A. 转向卡滞　　　　B. 异响　　　　　　C. 旷动　　　　　　D. 转向良好

三、判断题
1. 独立悬架所采用的车桥是断开式的。　　　　　　　　　　　　　　　（　　）
2. 任何汽车的悬架都必须设置弹性元件、减振器和导向机构三部分。　　（　　）
3. 车轮轴承松动或出现故障会全面影响车辆的操纵性。　　　　　　　　（　　）
4. 减振器性能变差有可能会引起前轮摆振。　　　　　　　　　　　　　（　　）
5. 减振器必须成对更换。　　　　　　　　　　　　　　　　　　　　　（　　）
6. 减振器的运动速度越快其阻力越大。　　　　　　　　　　　　　　　（　　）
7. 减振器以一定角度安装的目的是延长其使用寿命。　　　　　　　　　（　　）
8. 减振器磨损会造成车辆上下振动时发出异常的声音。　　　　　　　　（　　）
9. 更换减振器后，避振没有完全修复，最可能的原因是弹簧损坏。　　　（　　）
10. 减振器在汽车行驶中出现发热是正常的。　　　　　　　　　　　　（　　）

项目三 汽车行驶系统检测与维修

任务三
四轮定位的检测与调整

【任务描述】

一辆马自达汽车在平路直线行驶过程中会向左偏滑,轮胎磨损不正常。仪器诊断无故障码,转向系统和制动系统均正常。汽车方向跑偏且轮胎异常磨损的原因是底盘转向轮定位出现了问题,因此维修人员决定对该车辆做一次四轮定位。

【学习目标】

1. 能根据维修工单,明确任务内容与要求,并能与组员沟通,合理分配任务;
2. 了解四轮定位的主要参数及其作用;
3. 掌握四轮定位的准备工作;
4. 学会使用百斯巴特 Easy 3D 四轮定位仪;
5. 能够根据检测数据分析调整部位;
6. 能规范进行相应作业项目的自检,并填写作业表;
7. 能严格认真执行"6S"管理规定;
8. 能严格遵守职业道德,具备吃苦耐劳、爱岗敬业的工作态度和职业责任感。

【学习重点】

1. 四轮定位仪的操作使用;
2. 四轮定位的检测与调整。

【学习难点】

四轮定位的检测与调整。

【知识准备】

一、四轮定位的定义和作用

1. 定义

四轮定位包含前轮定位和后轮定位,是以车辆的四轮参数为依据,通过调整参数,以确保车辆有良好的行驶性能,并具备一定的可靠性。前轮定位包括主销后倾(角)、主销内倾(角)、前轮外倾(角)和前轮前束。后轮定位包括车轮外倾(角)和后轮前束。

2. 作用(好处)

1)保证车辆行驶的稳定性能。

2）杜绝因为车辆跑偏而导致的交通事故。

3）可以减轻汽车轮胎的磨损，延长轮胎的使用寿命。

4）可以降低油耗，因为做了四轮定位后可以减轻汽车行驶时的吃胎现象，因此也可以降低汽车行驶的油耗。

5）减少汽车转向和悬架系统的损耗，延长这些机件的使用寿命。

二、四轮定位主要参数

1. 主销后倾角 γ

转向节主销轴线在纵向平面内向后倾斜，与铅垂线所形成的夹角称为主销后倾角，有正后倾角和负后倾角之分，一般为 1°～3°。如图 3-31 所示。主销后倾角为正时，与车轮前束配合使车轮行进时保持稳定，方向控制能力与制动力增强。主销后倾角为负时，转向复位能力变差，易损坏轮胎，造成轮胎打滑，对方向过于敏感。

2. 主销内倾角 β

转向节主销轴线在横向平面内向内倾斜，与铅垂线所形成的夹角称为主销内倾角。（一般为 5°～8°，不可调节），如图 3-32 所示。外倾角与主销内倾角构成主销偏距。合适的主销偏距使车辆易于驾驶，既减小路面的冲击，又保持很好的回正能力。

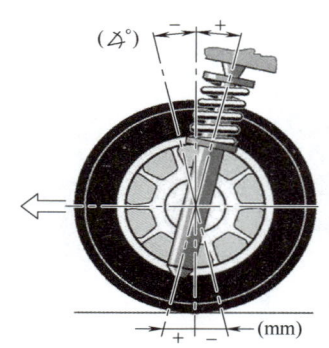
图 3-31 主销后倾角

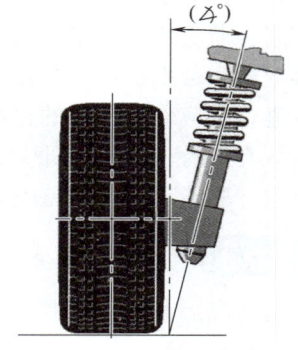
图 3-32 主销内倾角

3. 车轮外倾角 α

车轮安装时并非垂直于路面，而是向外倾斜一个角度，车轮中心平面与铅垂线的夹角称为外倾角，有正外倾角和负外倾角之分，如图 3-33 所示。车轮外倾角包含前轮外倾角和后轮外倾角。

车轮外倾的作用是使转向轻便和提高前轮工作的安全性。由于主销与衬套之间、轮毂与轴承等处都存在有间隙，如果空车时车轮的安装正好垂直于路面，则满载时车轮将承载后出现外倾，这种趋势在运转中将使车轮脱出，造成大的事故，所以车轮外倾角是安全的必备。前轮外倾角与主销内倾角配合也可以使转向轻便。

4. 车轮前束

两车轮的旋转平面不平行，前端略向内束这种现象称为车轮前束，包含前轮前束和后轮前束。两轮前端距离 B 小于后端距离 A，其差值（$A-B$）为前轮前束值，如图 3-34 所示。前轮前束是为了消除车轮外倾和滚动阻力造成的车轮向外甩开而引起的滑移，使车轮始终保持直线向前滚动行驶。正确的前束角与外倾角配合能够减少车辆行进时对轮胎的磨损。

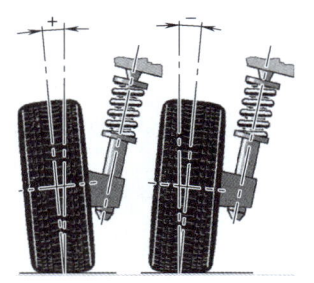

图 3-33　车轮外倾角

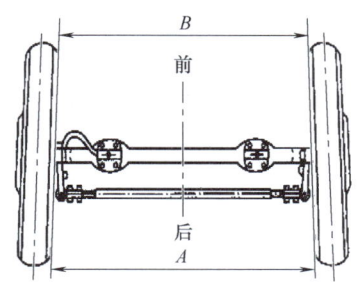

图 3-34　前轮前束

车轮前束可以通过调整横拉杆长度的方法来实现。一般货车的前束范围比较大（2～8mm），小轿车的前束比较小（0.5～1mm）。

三、何时做四轮定位

1）直线行驶困难，转向沉重、发抖、跑偏、不自动复位。驾驶时车感飘浮、颠簸、摇摆等不正常的驾驶感觉。行驶中转向盘不正或行车方向的跑偏现象出现。

2）轮胎出现不正常磨损：单边磨损、波状磨损、块状磨损、偏磨等。

3）汽车更换悬架系统或转向系统有关部件。

4）前部经碰撞事故维修后。

5）新车购买行驶 3000km 后。

【信息收集】

一、现场感受任务描述中的情景，把观察到的现象用几个关键词写出来。

车型：_____

故障部位：_____

故障现象：_____

二、我们的学习任务是什么？

_____

_____

三、什么是四轮定位？它有什么作用？

_____

_____

四、什么时候需要做四轮定位？

_____

_____

五、四轮定位主要检测哪些参数？
_____
_____

六、请同学们依据图 3-35 的编号或实物，写出百斯巴特 Easy 3D 四轮定位仪某些零部件的名称。

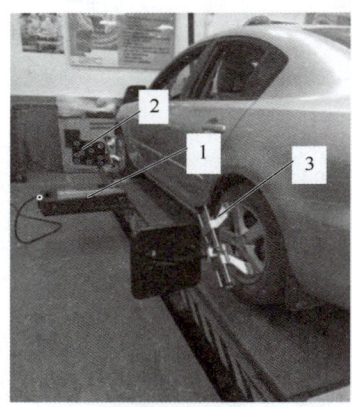

图 3-35　四轮定位仪零件名称

1：_____　　2：_____　　3：_____

七、图 3-36 指的是四轮定位中的哪个参数？它有什么作用？

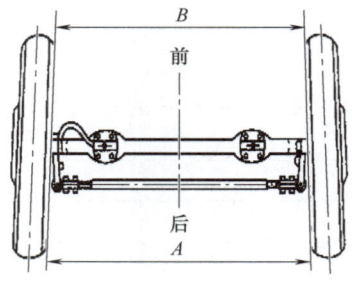

图 3-36　四轮定位参数

_____
_____

【制订计划】

一、小组讨论，制订四轮定位的检测与调整计划。

1. 制订四轮定位的检测计划

1）做四轮定位前的准备工作：

_____
_____

项目三 汽车行驶系统检测与维修

2）四轮定位各参数的检测顺序：
_____
_____

2. 制订四轮定位的调整计划
1）需调整参数：
_____
_____

2）调整方法：
_____
_____
_____

二、小组讨论，选择四轮定位可能用到的工具、量具，并在表3-18的选择项中打"√"。

表3-18　工具、量具对照表

序号	工具、量具名称	型　号	数量	选	择
1	梅花扳手	21～23	1	□可能	□不可能
2	气动扳手	世达	1	□可能	□不可能
3	呆扳手	21～23	1	□可能	□不可能
4	棘轮扳手	大号	1	□可能	□不可能
5	尖嘴钳		4	□可能	□不可能
6	套筒	19	1	□可能	□不可能
7	套筒	21	1	□可能	□不可能
8	四轮定位仪	百斯巴特	1	□可能	□不可能
9	胎压表	BR168	1	□可能	□不可能
10	其他（请填写具体名称）				

三、要完成本工作任务，必须遵守哪些注意事项，请在表3-19中相应的位置打"√"。

表3-19　注意事项表

注 意 事 项	选	择
工具、量具整齐摆放不搁地	□是	□否
"零件、油、水"不落地	□是	□否
严格按照维修技术标准执行	□是	□否
严格按照要求规范操作设备	□是	□否
及时记录维修工作数据	□是	□否
维修工作完成后需要进行工作现场6S管理	□是	□否
其他		

119

四、小组讨论，完成任务分工并填写表3-20。

表3-20　任务分工表

序号	组长	记录员	操作员	安全员	备注

【实施计划】

一、请结合本小组制订的计划，开始四轮定位的检测与调整，并完成相关信息的记录。

1. 定位前的准备工作

1）汽车开上举升机前，先检查转角盘的销子是否销好，防止损坏转角盘内的＿＿＿＿＿＿＿以及防止车身滑动。

　　完成情况：□是　　　　□否

2）将车子前轮停在转角盘的＿＿＿＿＿＿＿位置，如图3-37所示。

　　完成情况：□是　　　　□否

3）将车在举升机上停正后，先检查一下＿＿＿＿＿＿＿是否正常，＿＿＿＿＿＿＿不正常会使车身倾斜。

　　完成情况：□是　　　　□否

4）安装定位仪传感器，如图3-38所示。

　　完成情况：□是　　　　□否

图3-37　车子前轮停对位置

图3-38　安装定位仪传感器

5）安装车轮卡具，如图3-39所示，卡具垂直安放，卡爪嵌入轮胎轮毂内卡紧。

　　完成情况：□是　　　　□否

6）安装反光板，如图3-40所示。

　　完成情况：□是　　　　□否

7）将举升机升到最低锁孔位置，保证工作面的水平。

完成情况：□是　　　　　□否

图 3-39　安装车轮卡具

图 3-40　安装反光板

2. 开始四轮定位检测与调整

1）开机进入定位仪_____，如图 3-41 所示。

完成情况：□是　　　　　□否

2）选择与定位匹配的车型数据，用鼠标选择被检车型，然后双击确认，如图 3-42 所示。

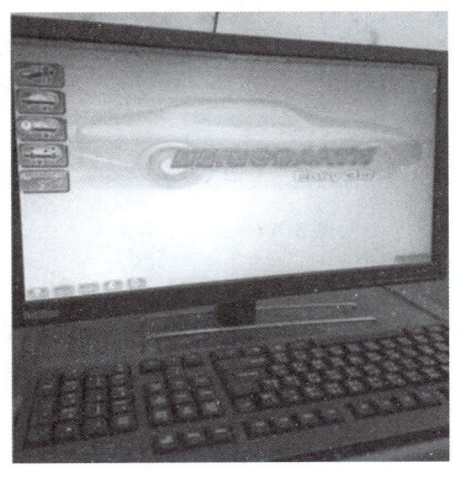

图 3-41　定位仪开机

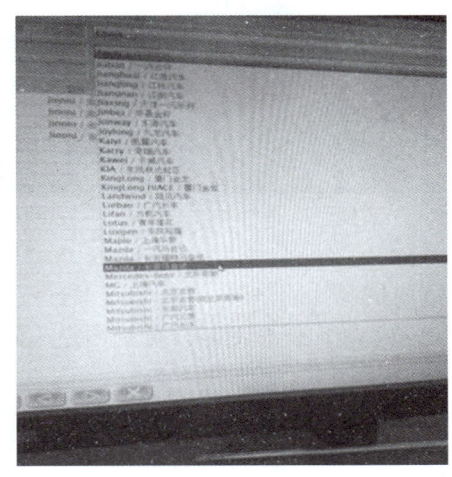

图 3-42　选择车型

完成情况：□是　　　　　□否

3）车子未开始检测前的原始数据如图 3-43 所示。

完成情况：□是　　　　　□否

4）按照操作提示，进行偏位补偿操作，先向前转动车轮，再向后转动车轮，每次转完车轮均有绿勾出现。只有完成钢圈偏位补偿的操作才能保证定位测量的_____，如图 3-44～图 3-46 所示。

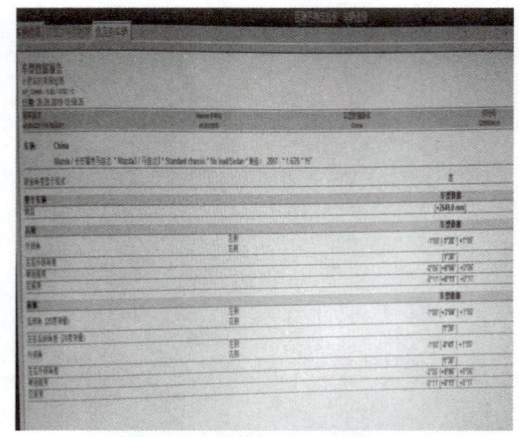

图 3-43 车子原始数据

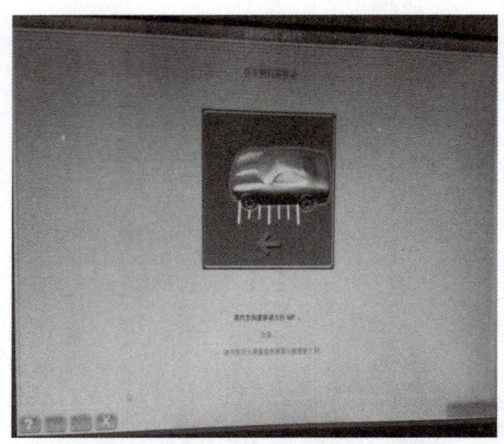

图 3-44 偏位补偿-向前移动

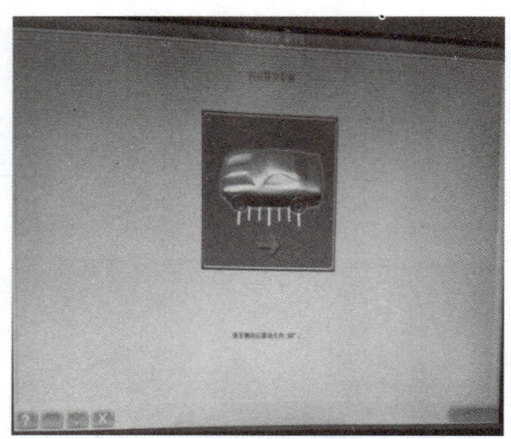

图 3-45 偏位补偿-向后移动

图 3-46 偏位补偿完成

完成情况：□是　　　　□否

5）20°转向操作测量。分别向左、向右转动20°，以屏幕上箭头对中为准，如图 3-47 和图 3-48 所示。

完成情况：□是　　　　□否

6）测量前轮前束（前轴单独前束），如图 3-49 所示，红色表示前轮前束异常，需要_____。

完成情况：□是　　　　□否

7）下一步测量最大总转角。转向盘向左、向右打到头，直到箭头跳转，得出数据，如图 3-50 所示。最大总转角的_____通常不进行。

完成情况：□是　　　　□否

8）得出调整前的检测数据，如图 3-51 所示。

完成情况：□是　　　　□否

项目三　汽车行驶系统检测与维修

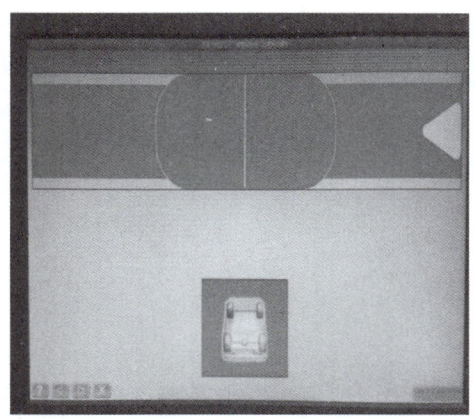

图 3-47　20°转向操作-向左打转向盘

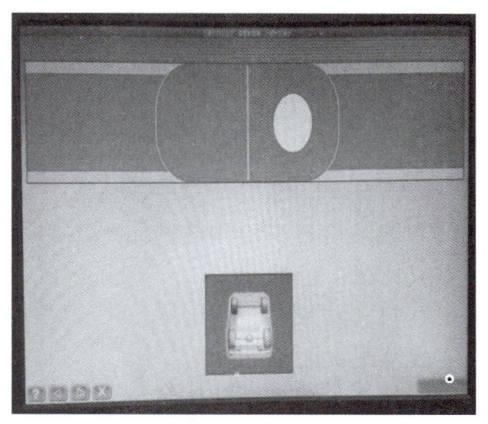

图 3-48　20°转向操作-转向到位

9）举升机升起，将车子_____，对前轮前束进行调整，如图 3-52 所示。前轮前束的调整方法如下：

图 3-49　测量前轮前束

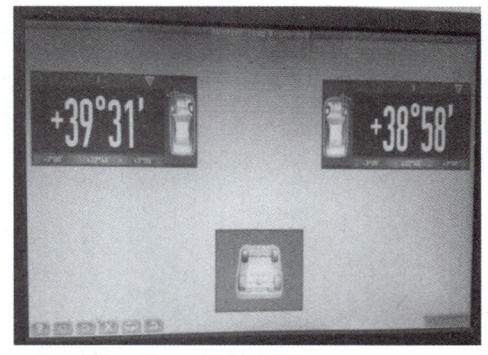

图 3-50　最大总转角测量

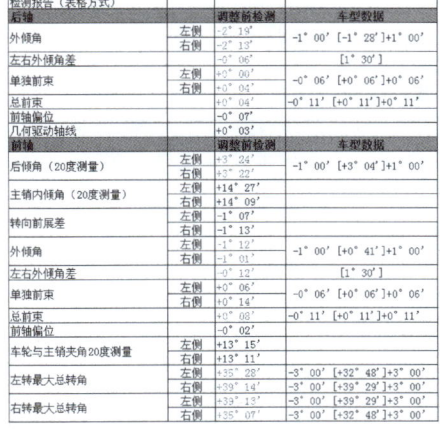

图 3-51　调整前整车检测数据

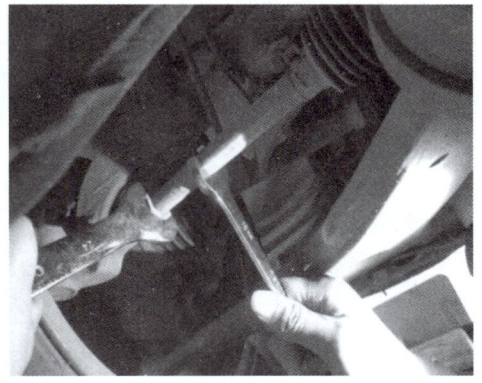

图 3-52　前轮前束的调整

① 旋松转向横拉杆两端接头的锁紧_____。
② 仔细看清横拉杆转动的圈数和标记，若没有标记用粉笔在横拉杆及接头上做好标记。

123

③ 用呆扳手拧转_____,使其伸长或缩短。

④ 调整合适后,拧紧横拉杆两端接头的锁紧_____。

完成情况:□是　　　□否

10)调整后再次检测,步骤与调整前_____。调整后前轮前束检测如图3-53所示。

完成情况:□是　　　□否

11)调整后整车检测数据如图3-54所示。

完成情况:□是　　　□否

12)打印结果,定位结束。

完成情况:□是　　　□否

13)清洁、整理场地,清点、整顿工具,_____、_____、卡具等部件放回原位,_____关机并切断电源。

完成情况:□是　　　□否

图3-53　调整后前轮前束检测　　　　图3-54　调整后整车检测数据

二、根据四轮定位的检测与调整及信息记录,汇总填写检测作业记录表3-21。

表3-21　四轮定位的检测与调整作业记录表

序号	检测项目	检测结果	技术标准	修理意见
1	检测后轮外倾角			
2	检测后轮前束			
3	检测主销后倾角			
4	检测主销内倾角			
5	检测车轮外倾角			
6	检测前轮前束			

项目三 汽车行驶系统检测与维修

【检查与考评】

观察员根据操作员的工作过程评分,具体评分细则见表3-22。

表3-22 四轮定位的检测与调整考核评分记录表

姓名:_____ 班级:_____ 成绩:_____ 考核时间:30min

序号	考核内容		配分	评分标准	扣分	得分
1	准备工作	检查转角盘安全销是否锁好	5	未做扣5分		
		前轮是否停对位置	5	停错扣5分		
		检查轮胎气压	5	未做扣5分		
		安装传感器方法正确	5	错误扣5分		
		安装卡具方法正确	5	错误扣5分		
		安装反光板方法正确	5	错误扣5分		
2	定位与调整	定位仪操作方法正确	25	每错误一次扣5分		
		参数调整方法正确	20	错误一次扣5分		
		整理工位	5	未做扣5分		
3	正确使用工具、量具		10	使用不当酌情扣分		
4	遵守安全操作规程,工具、量具、零部件不落地,操作现场整洁		5	每项扣2分,扣完为止		
	安全用电、防火、无人身、设备事故		5	因违规操作发生重大人身或设备事故,此题按0分计		
5	分数总计		100			

【评价反馈】

一、自我评价

自我评价表见表3-23。

表3-23 自我评价表

我做得好的地方	我还存在这些方面的问题
□动作准确	□动作不到位
□工具使用规范	□工具使用不规范
□检查方法熟悉	□检查方法不熟悉
□调整方法熟悉	□调整方法不熟悉
□工具摆放整齐	□工具摆放不整齐
□操作用时合理	□操作用时过长
□工作态度端正	□工作态度不够端正

二、小组评价

小组评价表见表3-24。

表3-24 小组评价表

评价内容	评价结果	
是否做到小组全员参与	□是	□否
是否做到小组分工明确	□是	□否
是否做到小组工作高效	□是	□否
是否发挥小组长的作用	□是	□否
是否认真、合理讲述、展示计划	□是	□否
是否使用文明用语	□是	□否
是否完成工作页或数据记录	□是	□否
是否执行"6S"管理	□是	□否

三、教师评价

教师评价表见表3-25。

表3-25 教师评价表

评价内容	评价指标	星级评定（在相应的等级打√）
活动态度方面	1）态度是否积极，是否主动组织或参与活动 2）与小组同学合作是否良好 3）活动是否认真、善始善终 4）是否勇于克服困难	□一级：☆☆☆☆☆ □二级：☆☆☆☆ □三级：☆☆☆ □四级：☆☆
知识技能方面	1）查阅资料技能 2）实地观察记录能力 3）调查研究能力 4）整理材料能力	□一级：☆☆☆☆☆ □二级：☆☆☆☆ □三级：☆☆☆ □四级：☆☆

【知识巩固】

一、填空题

1. 前轮定位的四个参数分别是_____、_____、_____、_____。
2. 若想改变前束值的大小，只需改变_____的长短。
3. 外倾角能够保证轮胎与地面的良好接触，提高汽车的_____。
4. 前束角的作用是降低轮胎的_____与_____，消除由于外倾角所产生的轮胎侧滑。

二、选择题

1. 做四轮定位不需要检查（　　）。

A. 车子悬架　　　　B. 轮胎气压　　　　C. 前照灯　　　　D. 减振器

2. （　　）不属于转向轮定位参数。

A. 主销后倾角　　　　B. 后轮前束　　　　C. 前轮前束　　　　D. 主销内倾角

3. (　　) 出现后需要进行四轮定位。（多选题）

A. 汽车跑偏　　　　　　　　　　　　B. 轮胎不正常磨损

C. 汽车被轻微追尾　　　　　　　　　D. 转向时转向盘太重

4. (　　) 可以使车轮自动回正。

A. 主销内倾角　　　B. 主销后倾角　　　C. 车轮外倾角　　　D. 前轮前束

5. 主销后倾角过大会造成（　　）。

A. 转向轻便　　　　B. 转向跑偏　　　　C. 转向沉重　　　　D. 转向不稳

6. 设计时速越高的车型，其前束值越（　　）。

A. 大　　　　　　　B. 小　　　　　　　C. 不变　　　　　　D. 与设计时速无关

7. 横向稳定杆的作用是（　　）。

A. 保证车轮的角度不变

B. 起到减振作用

C. 防止车身过度倾斜

8. 前轮前束的作用是（　　）。

A. 减轻或消除因前轮外倾所造成的后果　　B. 车轮自动回正

C. 形成车轮回正的稳定力矩　　　　　　　D. 减少轮胎磨损

9. 下列情况，不需要对助力转向系统管路进行排气作业的是（　　）。

A. 更换转向横拉杆以后　　　　　　　B. 油管拆下以后

C. 助力泵产生噪声时　　　　　　　　D. 更换助力油后

10. 前轮前束可通过改变（　　）来调整。

A. 转向轮角度　　　　　　　　　　　B. 转向纵拉杆长度

C. 转向横拉杆长度　　　　　　　　　D. 梯形臂位置

三、判断题

1. 在给车辆做四轮定位时，不需要对四个轮胎的气压进行检测。（　　）

2. 四轮定位仪举升机升起汽车后，不需要启动安全锁，对操作无影响。（　　）

3. 车轮外倾角过大时，会造成轮胎偏磨，俗称为"吃胎"。（　　）

4. 前后推动车辆时，最好搬动轮胎，尽量不要触碰车漆，以免给车漆造成划痕。

（　　）

5. 四轮定位检测时，车辆可以倾斜地停在四轮定位仪上。（　　）

6. 四轮定位的调整必须在底盘件正常的磨损范围内进行。（　　）

7. 定位检测时，车辆前轮应停放在转角盘中心。（　　）

8. 在定位检测过程中应严格按照规范操作，防止误操作。（　　）

9. 前束调整结束后，不需要对拉杆的锁紧螺母进行锁紧。（　　）

10. 车轮外倾角设定值影响方向控制及轮胎磨损。（　　）

任务四
车轮动平衡的检查与调整

【任务描述】

一辆五菱宏光汽车在行驶过程中发现车轮有规律地跳动，反映到车内就是转向盘抖动，车辆行驶在某一速度的时候会产生共振，并且轮胎产生异常磨损现象。经维修技师检查发现是安装车轮前未对车轮进行动平衡测试，为了排除故障需要对车轮动平衡进行检查与调整。

【学习目标】

1. 能根据维修工单，明确任务内容与要求，并能与组员沟通，合理分配任务；
2. 能叙述车轮动平衡机的作用和工作原理；
3. 能叙述使用车轮动平衡机检测与调整车轮的步骤；
4. 能准确查阅维修手册，确定车轮动平衡相关检测内容、流程与规范，记录相关信息；
5. 能正确选择和使用工具、量具；
6. 能规范进行相应作业项目的自检，并填写作业表；
7. 能严格认真执行"6S"管理规定；
8. 能严格遵守职业道德，具备吃苦耐劳、爱岗敬业的工作态度和职业责任感。

【学习重点】

1. 汽车车轮动平衡机的结构、作用和工作原理；
2. 车轮动平衡的检测与调整。

【学习难点】

1. 车轮动平衡机的检测步骤；
2. 车轮动平衡的检测与调整。

【知识准备】

一、车轮动平衡

为了避免或消除车辆在行驶中车轮抖动这种现象，车轮在动态情况下通过增加配重的方法，使车轮校正各边缘部分的平衡，这个校正过程就是人们常说的动平衡。

二、做车轮动平衡的原因

做车轮动平衡的原因如下：

1) 防止轮胎异常磨损。
2) 提高汽车行驶时的稳定性和安全性。

三、车轮不平衡的危害

车轮的不平衡,在汽车高速行驶时引起车轮的上下振动和左右摆动,不仅影响汽车行驶的平顺性,还使驾驶人难以控制汽车行驶方向,并缩短零部件的使用寿命,甚至酿成重大交通事故。

四、车辆在什么情况下需要做动平衡

1) 转向盘振动。
2) 车轮出现有节奏的异响。
3) 更换轮胎、轮毂或是补过轮胎后。
4) 轮胎受过大的撞击。
5) 由于颠簸导致平衡块丢失。

五、轮胎动平衡机的类型

目前轮胎动平衡机主要分为卧式动平衡机和立式动平衡机。立式动平衡机是指被平衡转子轴线处于铅垂状态的一类动平衡机,卧式动平衡机是指被平衡转子轴线处于水平状态的一类动平衡机。

六、立式车轮动平衡机的结构

立式车轮动平衡机主要由车轮锁紧锥套、平衡机主轴、轮胎防护罩、显示仪和机箱等组成,如图3-55所示。

七、立式车轮动平衡机的工作原理

汽车车轮动平衡机主要是靠动平衡机来测量旋转物体不平衡量和位置的机器。动平衡机除了维持自身运转外还需要消除在转子轴承上引起的振动,减小噪声和加速轴承磨损,从而实现了汽车车轮动平衡机的平衡效果。起动电机带动轮胎旋转,由于不平衡的存在,使轮胎方向上施加的压电传感器上的离心力被转换成电信号,实现了汽车车轮动平衡机的信息转换效果,再通过对该信号的连续测量,再由计算机系统对该信号进行分析,计算出不平衡量的参数及大小,并找出对应的最小位置,然后由显示器系统显示出来,从而实现了汽车车轮不平衡最后的检测结果,再根据测出的数据进行调整,加上对应的配重块,配重块通常为卡式配重和粘贴式配重,最终实现了车轮轮胎的平衡。

图3-55 立式车轮动平衡机的结构
1—车轮锁紧锥套 2—平衡机主轴
3—轮胎防护罩 4—显示仪 5—机箱

【信息收集】

一、现场感受任务描述中的情景,把观察到的现象用几个关键词写出来。

车型：_____

故障部位：_____

故障现象：_____

二、我们的学习任务是什么？

_____

_____

三、什么是车轮动平衡？

_____

_____

四、车轮为什么要做动平衡？

_____

_____

五、车轮不平衡有什么危害（图3-56和图3-57）？

图3-56　车轮不平衡的危害

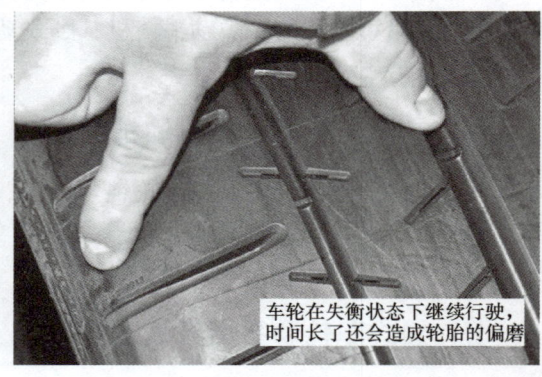

图3-57　轮胎异常磨损

_____

_____

六、车辆在什么情况下需要做动平衡（图3-58）？

_____

_____

七、轮胎动平衡机的类型有哪些？

_____

_____

项目三 汽车行驶系统检测与维修

图 3-58 车轮做动平衡的情况

八、立式车轮动平衡机主要的结构有哪些，请同学们依据图 3-59 中的编号，写出立式车轮平衡机部件的名称。

图 3-59 立式车轮动平衡机的结构

1：_____ 2：_____ 3：_____ 4：_____ 5：_____

九、立式车轮动平衡机的工作原理是什么？

_____

_____

_____

【制订计划】

一、小组讨论，制订车轮动平衡的检查与调整计划。

1. 制订车轮动平衡的检查与调整计划

1）做车轮动平衡的检查与调整需要准备的实训器材：

_____

_____

2）操作过程中需要注意的事项：
___
___

3）轮胎动平衡操作步骤：
___
___

2. 制订轮胎动平衡的检测计划
1）检测方法：
___
___

2）检测项目：
___
___

3）技术标准：
___
___

二、小组讨论，选择车轮动平衡检查与调整可能用到的工具、量具，并在表3-26的选择项中打"√"。

表3-26 工具、量具对照表

序号	工具、量具名称	型号	数量	选	择
1	梅花扳手	19~21	2	□可能	□不可能
2	呆扳手	19~21	2	□可能	□不可能
3	扭力扳手	0~300	1	□可能	□不可能
4	棘轮扳手	大号	1	□可能	□不可能
5	套筒	18	1	□可能	□不可能
6	套筒	21	1	□可能	□不可能
7	套筒	24	1	□可能	□不可能
8	游标卡尺	0~150mm	1	□可能	□不可能
9	胎压表	BR168	1	□可能	□不可能
10	其他（请填写具体名称）				

项目三 汽车行驶系统检测与维修

三、要完成本工作任务，必须遵守哪些注意事项，请在表 3-27 中相应的位置打 "√"。

表 3-27 注意事项表

注 意 事 项	选	择
工具、量具整齐摆放不搁地	□是	□否
"零件、油、水"不落地	□是	□否
严格按照维修技术标准执行	□是	□否
严格按照要求规范操作设备	□是	□否
及时记录维修工作数据	□是	□否
维修工作完成后需要按照"6S"的要求恢复工位	□是	□否
其他		

四、小组讨论，完成任务分工并填写表 3-28。

表 3-28 任务分工表

序号	组长	记录员	操作员	安全员	备注

【实施计划】

一、请结合本小组制订的计划，对轮胎进行拆卸及动平衡机的检查，并完成相关信息的记录。

1. 先用_____扳手拧松车轮螺母，并用举升机将车辆定位，然后顶起，以便拆卸轮胎。

完成情况：□是　　　□否

2. 用棘轮扳手或快速扳手按照_____顺序拆卸车轮螺母。

完成情况：□是　　　□否

3. 将_____从车上卸下。

完成情况：□是　　　□否

4. 打开电源开关，检查_____运行是否正常。

完成情况：□是　　　□否

二、请结合本小组制订的计划，完成使用车轮动平衡机检测和调整车轮，并完成相关信息的记录。

1. 清除被测_____上的泥土和石子，保持车轮动平衡机的清洁，如图 3-60 所示。

完成情况：□是　　　□否

2. 取掉车轮轮辋上的_____，如图 3-61 所示。

完成情况：□是　　　□否

133

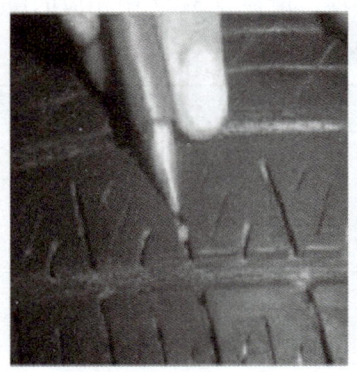 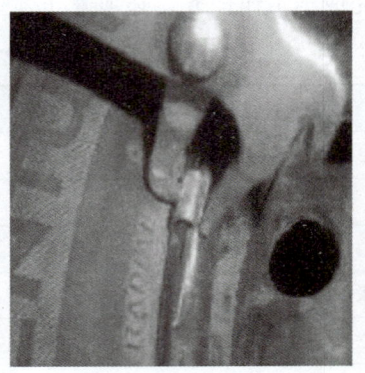

图 3-60　清理胎面石块　　　　图 3-61　清除旧平衡块

3. 检查轮胎_____，把气压充至规定值，一般轿车空载时的气压为 2.3bar（1bar = 101kPa），如图 3-62 所示。

图 3-62　检测胎压

完成情况：□是　　　　□否

4. 将轮胎套装在动平衡机主轴上，选用合适的_____和专用车轮锁紧扳手将车轮固定在主轴上并锁紧，如图 3-63 所示。

完成情况：□是　　　　□否

图 3-63　安装轮胎到动平衡机

5. 用测量标尺测出动平衡机离车轮_____距离为 a，并把数据输入动平衡机，如图 3-64 所示。

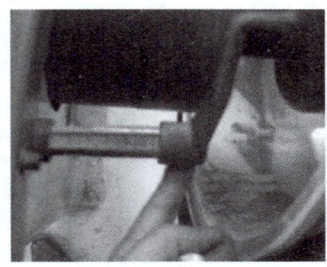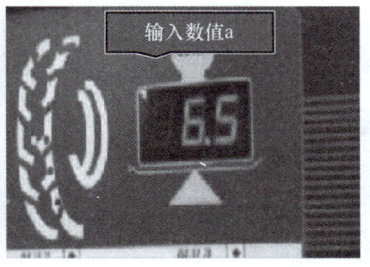

图 3-64　轮辋到动平衡机的距离测量

完成情况：□是　　　　□否

6. 用测量卡钳测量轮辋_____为 b，并把数据输入动平衡机，如图 3-65 所示。

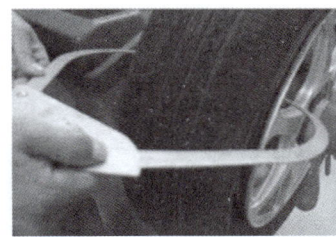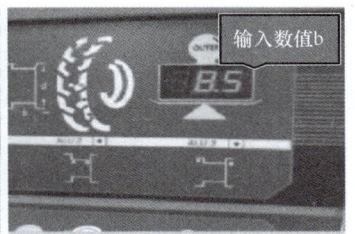

图 3-65　轮胎宽度的测量

完成情况：□是　　　　□否

7. 把轮辋_____输入对应值到动平衡机（以子午线轮胎为例，196/60R15 88H），如图 3-66 所示。

图 3-66　轮辋直径的测量

完成情况：□是　　　　□否

8. 盖下_____，如图 3-67 所示，按下起动按钮，轮胎开始转动，当动平衡机自动制动后，抬起防护罩，观察显示仪上显示数值，如图 3-68 所示。

完成情况：□是　　　　□否

图 3-67　盖上防护罩

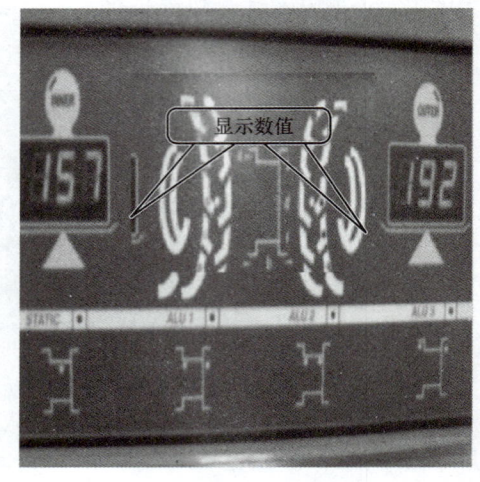

图 3-68　测量显示数值结果

9. 用手转动轮胎，当显示仪上左侧红灯全部亮时停止转动，如图 3-69 所示，在轮辋内左侧正_____方向贴上相应数值平衡块（显示仪左侧相对应显示数值，即在箭头所指的正对位置，靠近轮辋边缘处粘贴平衡块）。

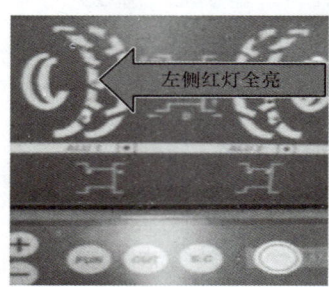
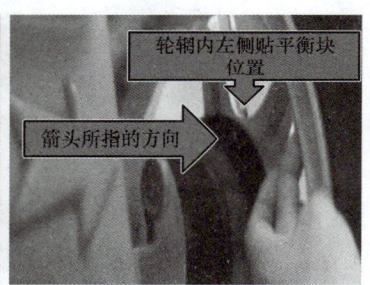

图 3-69　轮胎左侧平衡块的安装位置

完成情况：□是　　　　□否

10. 用手转动轮胎，当显示仪上右侧红灯全部亮时停止转动，如图 3-70 所示，在轮辋内右侧正 12 点方向贴上相应数值的_____（即显示仪右侧相对应显示数值）。

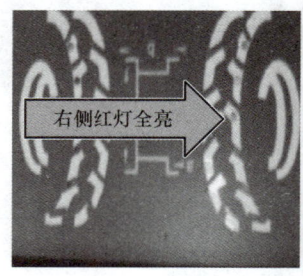
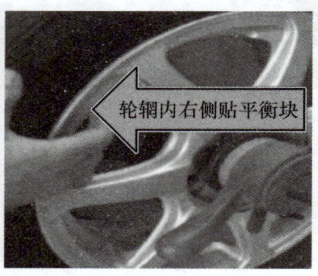

图 3-70　轮胎右侧平衡块的安装位置

完成情况：□是　　　　□否

11. 贴好平衡块后放下防护罩，按下起动按钮，再次测量，如图 3-71 所示，显示仪两边指示装置显示"0"或"OK"时或者数值的误差在规定范围内（误差值在_____ g 内），车轮即达到动平衡要求。

完成情况：□是　　　　□否

12. 轮胎动平衡操作完毕后，切断电源，松开车轮锁紧扳手，拆除锥套，取下轮胎，擦洗平衡机设备，清洁场地。

完成情况：□是　　　　□否

三、根据车轮动平衡的检查与调整及信息记录，汇总填写检测作业记录表 3-29。

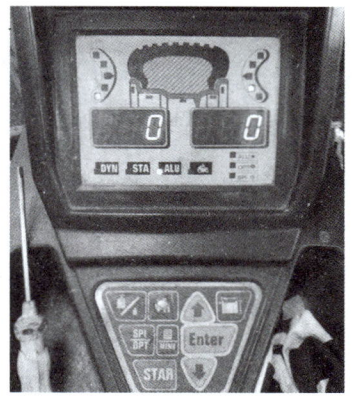

图 3-71　再次测量显示数值

表 3-29　车轮动平衡检测作业记录表

序号	检测项目	检测结果	技术标准	修理意见
1	正确使用举升机拆卸轮胎			
2	轮胎及动平衡机的清洁			
3	轮胎气压检测			
4	正确安装轮胎上动平衡机，并选择合适锥体			
5	正确测量轮辋到动平衡机距离参数，并输入			
6	正确测量轮胎宽度参数，并输入			
7	正确测量轮胎直径参数，并输入			
8	找到不平衡点并正确读出测量数据			
9	正确选择平衡块并安装在不平衡位置上			
10	重新测量车轮动平衡			

【检查与考评】

观察员根据操作员的工作过程评分，具体评分细则见表 3-30。

表 3-30 车轮动平衡检测考核评分记录表

姓名：_____ 班级：_____ 成绩：_____ 考核时间：30min

序号	考核内容	配分	评分标准	扣分	得分
1	正确使用工、量具	10	使用不当酌情每项扣 2 分		
2	正确使用举升机拆卸轮胎	10	拆卸错误每处扣 2 分		
3	轮胎及动平衡机的清洁	5	未做扣 2 分		
4	轮胎气压检测	10	检测方法错误每项扣 2 分		
			检测结果错误扣 2 分		
5	正确安装轮胎上动平衡机，并选择合适锥体	10	检测方法错误每项扣 2 分		
			检测结果错误扣 2 分		
6	正确测量轮胎各种参数	15	检测方法错误每项扣 2 分		
			检测结果错误扣 2 分		
7	找到不平衡点并正确读出测量数据	10	检测方法错误每项扣 2 分		
			检测结果错误扣 2 分		
8	正确选择平衡块并安装在不平衡位置上	10	检测方法错误每项扣 2 分		
			检测结果错误扣 2 分		
9	重新测量车轮动平衡	10	检测方法错误每项扣 2 分		
			检测结果错误扣 2 分		
10	遵守安全操作规程，工具、量具、零部件不落地，操作现场整洁	5	每项扣 2 分，扣完为止		
11	安全用电、防火、无人身、设备事故	5	因违规操作发生重大人身或设备事故，此题按 0 分计		
12	分数总计	100			

【评价反馈】

一、自我评价

自我评价表见表 3-31。

表 3-31 自我评价表

我做得好的地方	我还存在这些方面的问题
□动作准确	□动作不到位
□工具使用规范	□工具使用不规范
□拆装步骤熟悉	□拆装步骤不熟悉
□检测步骤熟悉	□检测步骤不熟悉
□工具摆放整齐	□工具摆放不整齐
□操作用时合理	□操作用时过长
□工作态度端正	□工作态度不够端正

项目三 汽车行驶系统检测与维修

二、小组评价

小组评价表见表3-32。

表 3-32　小组评价表

评 价 内 容	评 价 结 果	
是否做到小组全员参与	□是	□否
是否做到小组分工明确	□是	□否
是否做到小组工作高效	□是	□否
是否发挥小组长的作用	□是	□否
是否认真、合理讲述、展示计划	□是	□否
是否使用文明用语	□是	□否
是否完成工作页或数据记录	□是	□否
是否执行"6S"管理	□是	□否

三、教师评价

教师评价表见表3-33。

表 3-33　教师评价表

评 价 内 容	评 价 指 标	星级评定（在相应的等级打√）
活动态度方面	1）态度是否积极，是否主动组织或参与活动 2）与小组同学合作是否良好 3）活动是否认真、善始善终 4）是否勇于克服困难	□一级：☆☆☆☆☆ □二级：☆☆☆☆ □三级：☆☆☆ □四级：☆☆
知识技能方面	1）查阅资料技能 2）实地观察记录能力 3）调查研究能力 4）整理材料能力	□一级：☆☆☆☆☆ □二级：☆☆☆☆ □三级：☆☆☆ □四级：☆☆

【知识巩固】

一、填空题

1. 车轮动不平衡时，会造成车轮的_____和_____。
2. 做车轮动不平衡时，需要知道的参数有_____、_____、_____。
3. 做车轮动平衡测试前应该检测_____。
4. 车轮动平衡的检测方法有_____和_____两种。
5. 按平衡机转轴的支承方式有_____和_____两种。

二、选择题

1. 利用车轮动平衡机检测车轮动平衡（　　）是错误的。

A. 用三角木垫住非测试车轮

B. 可以利用驱动电机带动车轮旋转至规定转速

C. 测试结束后，用制动器使车轮停转

D. 检修车轮动平衡机时,应先松开传感器的固定螺栓

2. 车轮的动平衡试验通常(　　　)。

　A. 只检测动平衡,不检测静平衡　　　　B. 只检测静平衡,不检测动平衡

　C. 静、动平衡都必须检测　　　　　　　D. 以上说法都不对

3. 检查车轮动平衡,(　　　)车轮上的泥土、石子和平衡块。

　A. 不必清除　　　　　　　　　　　　　B. 可清除也可不清除

　C. 必须清除　　　　　　　　　　　　　D. 操作员自定

4. 车轮动平衡的检测时,被测车轮安装在(　　　)。

　A. 平衡机主轴的一端　　　　　　　　　B. 主轴中部

　C. 自由端　　　　　　　　　　　　　　D. 前轴

5. 使用车轮动平衡机检测车轮中下列说法错误的是(　　　)。

　A. 动平衡误差值一般在 5g 内

　B. 应避免主轴或平衡机本体强烈的振动

　C. 避免重物敲击平衡机的任何部件

　D. 使用前不需要清理车轮上的泥土、石子和杂物

三、判断题

1. 机器设备可以不经过检查,直接使用。(　　　)

2. 无内胎式的充气轮胎,其密封是依靠外胎和轮辋的接合面来保证的,因此在分装车轮时,应使用润滑剂或者浓肥皂水进行润滑,避免受损,影响密封。(　　　)

3. 操作前应穿好工作服,注意扎紧袖口,女同志应戴好帽子,润滑机器各部,低速运转数分钟,检视运转情况。(　　　)

4. 要测试的工件不用考虑是否符合机器的应用范围。(　　　)

5. 工件要卡紧,锁紧装置要灵活可靠,严禁用手触摸转动部分或用手制动旋转中的工件。(　　　)

6. 在轮胎上加平衡块后重新测试,人员严禁面对转动的方向。(　　　)

7. 工件校正前应保持清洁,以免有异物飞出。(　　　)

8. 机器应经常保持清洁,发生故障及时找维修人员修理。(　　　)

9. 平衡完毕,切断电源,清扫机器及工作场地。(　　　)

10. 在做车轮动平衡时,动平衡机会显示安装平衡块的位置和平衡块重量,不需要按照其给定的位置安装和按要求选择平衡块重量。(　　　)

项目三 汽车行驶系统检测与维修

任务五
空气悬架的检测与维修

【任务描述】

一辆装有空气悬架的宝骏汽车停放一段时间后,出现车身倾斜,同时空气悬架无法正常控制升降。经检查,发现是空气悬架漏气和控制电路失效所引起的故障,为了排除故障需要对空气悬架进行检测与维修。

【学习目标】

1. 能根据维修工单,明确任务内容与要求,并能与组员沟通,合理分配任务;
2. 能叙述空气悬架的结构和工作原理;
3. 能叙述空气悬架的检测方法;
4. 能准确查阅维修手册,确定空气悬架相关检测内容、流程与规范,记录相关信息;
5. 能正确选择和使用工具、量具;
6. 能规范进行相应作业项目的自检,并填写作业表;
7. 能严格认真执行"6S"管理规定;
8. 能严格遵守职业道德,具备吃苦耐劳、爱岗敬业的工作态度和职业责任感。

【学习重点】

1. 汽车空气悬架的结构和工作原理;
2. 空气悬架的检测与维修方法。

【学习难点】

空气悬架的检测与维修方法。

【知识准备】

一、汽车空气悬架的组成

汽车空气悬架由空气弹簧、减振器、导向机构和车身高度控制系统组成,如图3-72所示。

二、汽车空气悬架的作用

汽车空气悬架具有如下作用:
1)支承车身,用于力的传递。

141

图 3-72 空气悬架的结构
1—充气软管 2—空气减振器 3—充气管路 4—车桥
5—半轴 6—动力输入 7—差速器 8—下控制臂

2）缓冲地面对车身以及车身对地面之间的振动，衰减冲击力保护汽车部件。

3）使车辆运行平稳，提高乘坐舒适性。

三、汽车空气悬架的工作原理

装配空气悬架的汽车的前轮和后轮附近都会设有离地距离传感器，按照车身高度传感器的输出信号，行车 ECU 会判断出车身的高度变化，控制空气压缩机和排气阀门，使弹簧自动压缩或者伸长，从而降低或者升高离地间隙，增加高速车身稳定性或者复杂路况的通过性。

保持状态：当车辆被举升机举起，离开地面时，空气悬架将关闭相关的电磁阀，同时 ECU 记忆车身高度，使车辆落地后保持原来高度。

正常状态：正常状态即发动机运转状态。行车过程中，若车身高度变化超过一定范围，空气悬架将每隔一段时间调整车身高度。

唤醒状态：当空气悬架被遥控钥匙、车门开关或行李舱盖开关唤醒后，系统将通过车身高度传感器检查车身高度。如果车身高度低于正常高度一定程度，储气罐将提供压力使车身高度回归正常高度。

【信息收集】

一、现场感受任务描述中的情景，把观察到的现象用几个关键词写出来。

车型：_____

故障部位：_____

故障现象：_____

二、我们的学习任务是什么？

三、汽车空气悬架的组成包括什么？请同学们依据图 3-73 的编号或实物，写出汽车空气悬架部件的名称。

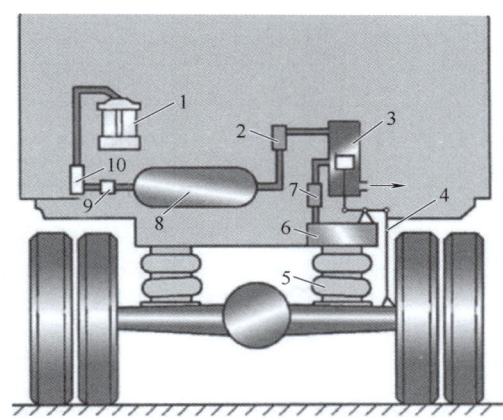

图 3-73　空气悬架的组成

1：_____　2：_____　3：_____　4：_____　5：_____
6：_____　7：_____　8：_____　9：_____　10：_____

四、汽车空气弹簧的组成包括什么？请同学们依据图 3-74 的编号或实物，写出汽车空气弹簧部件的名称。

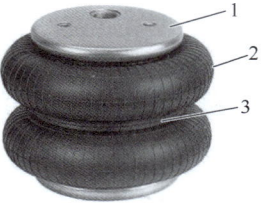

图 3-74　空气弹簧的组成

1：_____　2：_____　3：_____

五、汽车空气悬架的作用是什么？
_____
_____
_____

六、汽车空气悬架的工作原理是什么？
_____
_____
_____
_____

【制订计划】

一、小组讨论,制订空气悬架的检测与维修计划。

1)检测方法:

_____

_____

2)检测项目:

_____

_____

_____

_____

_____

_____

3)技术标准:

_____

_____

_____

_____

二、小组讨论,选择空气悬架检测与维修可能用到的工具、量具,并在表 3-34 的选项中打"√"。

表 3-34 工具、量具对照表

序号	工具、量具名称	型 号	数量	选	择
1	梅花扳手	12～14	2	□可能	□不可能
2	呆扳手	12～14	2	□可能	□不可能
3	扭力扳手	0～300	1	□可能	□不可能
4	棘轮扳手	中号	1	□可能	□不可能
5	螺钉旋具	一字螺钉旋具、十字螺钉旋具	1	□可能	□不可能
6	套筒	14	1	□可能	□不可能
7	测试笔		1	□可能	□不可能
8	万用表	数字式	1	□可能	□不可能
9	解码仪		1	□可能	□不可能
10	其他(请填写具体名称)				

项目三 汽车行驶系统检测与维修

三、要完成本工作任务，必须遵守哪些注意事项，请在表3-35中相应的位置打"√"。

表3-35 注意事项表

注 意 事 项	选	择
工具、量具整齐摆放不搁地	□是	□否
"零件、油、水"不落地	□是	□否
严格按照维修技术标准执行	□是	□否
严格按照要求规范操作设备	□是	□否
及时记录维修工作数据	□是	□否
维修工作完成后需要按照"6S"的要求恢复工位	□是	□否
其他		

四、小组讨论，完成任务分工并填写表3-36。

表3-36 任务分工表

序号	组长	记录员	操作员	安全员	备注

【实施计划】

一、请结合本小组制订的检修计划，完成空气悬架零部件的检修作业，并完成相关信息的记录。

1. 空气弹簧漏气的检测

1）目视法检查空气弹簧的外观是否有_____。

2）若没有破损，继续用_____检查空气弹簧的密封性，观察表面是否有_____冒出。

3）利用_____读取故障码，如有明确故障码指向空气弹簧，且更换_____后故障排除，则为空气弹簧故障。

检查结果：_____

技术标准：_____

修理意见：_____

2. 空气悬架无法升降的检测

（1）车身高度传感器的检测（图3-75和图3-76）

1）目视法检查车身高度传感器外观是否有_____，如破损则进行更换。

2）利用_____诊断观察是否有故障码，如有车身高度传感器的故障码且无信号、无

145

通信，则进行更换传感器，故障排除则为车身高度传感器有故障。

图 3-75　车身高度传感器的安装位置

图 3-76　车身高度传感器

3）目视法检查车身高度传感器的接口是否_____，利用_____检测传感器的接口是否接触不良。

检查结果：_____

技术标准：_____

修理意见：_____

（2）空气压缩机的检测

1）首先要检查空气压缩机的_____，检查继电器（图 3-77）的插头是否针脚弯折、滑出，检查是否_____，触点是否腐蚀，插头是否密封不严。

2）检查全部管路、_____、蓄压器是否有泄漏，检查压缩机是否泡水，储气罐中是否有水，检查分配阀到四个空气弹簧的管路中是否有水。

3）如组合仪表空气悬架故障灯亮，同时利用_____检测有故障记录，更换压缩机后则故障码排除，则为压缩机故障。

4）更换压缩机必须同时更换继电器。

检查结果：_____

技术标准：_____

修理意见：_____

图 3-77　压缩机继电器

二、本小组根据制订的计划，对空气悬架进行检测与维修，并完成作业表 3-37 的填写。

表 3-37　空气悬架检测作业记录表

序号	检测项目	检测结果	技术标准	修理意见
1	空气弹簧漏气检查			
2	车身高度传感器检查			

项目三　汽车行驶系统检测与维修

（续）

序号	检测项目	检测结果	技术标准	修理意见
3	空气压缩机继电器检查			
4	空气压缩机检查			

【检查与考评】

观察员根据操作员的工作过程评分，具体评分细则见表3-38。

表 3-38　空气悬架检测考核评分记录表

姓名：_____　班级：_____　成绩：_____　考核时间：30min

序号	考核内容	配分	评分标准	扣分	得分
1	正确使用工具、量具	10	使用不当酌情扣分		
2	正确拆卸空气悬架总成	5	拆卸错误每处扣2分		
3	检测空气弹簧	15	检测方法错误扣2分 检测结果错误扣2分 修理意见错误扣1分		
4	检测空气悬架车身高度传感器	15	检测方法错误扣5分 检测结果错误扣5分 修理意见错误扣5分		
5	检测空气压缩机传感器	15	检测方法错误扣5分 检测结果错误扣5分 修理意见错误扣5分		
6	检测空气悬架空气压缩机	10	检测方法错误扣2分 检测结果错误扣2分 修理意见错误扣1分		
7	空气悬架的作用	10	表述错误每处扣2分		
8	空气悬架的工作原理	10	表述错误每处扣2分		
9	遵守安全操作规程，工具、量具、零部件不落地，操作现场整洁	5	每项扣2分，扣完为止		
	安全用电、防火，无人身、设备事故	5	因违规操作发生重大人身或设备事故，此题按0分计		
10	分数总计	100			

【评价反馈】

一、自我评价

自我评价表见表3-39。

表 3-39　自我评价表

我做得好的地方	我还存在这些方面的问题
□动作准确	□动作不到位
□工具使用规范	□工具使用不规范
□拆装步骤熟悉	□拆装步骤不熟悉
□检测步骤熟悉	□检测步骤不熟悉
□工具摆放整齐	□工具摆放不整齐
□操作用时合理	□操作用时过长
□工作态度端正	□工作态度不够端正

二、小组评价

小组评价表见表 3-40。

表 3-40　小组评价表

评 价 内 容	评 价 结 果	
是否做到小组全员参与	□是	□否
是否做到小组分工明确	□是	□否
是否做到小组工作高效	□是	□否
是否发挥小组长的作用	□是	□否
是否认真、合理讲述、展示计划	□是	□否
是否使用文明用语	□是	□否
是否完成工作页或数据记录	□是	□否
是否执行"6S"管理	□是	□否

三、教师评价

教师评价表见表 3-41。

表 3-41　教师评价表

评 价 内 容	评 价 指 标	星级评定（在相应的等级打√）
活动态度方面	1）态度是否积极，是否主动组织或参与活动 2）与小组同学合作是否良好 3）活动是否认真、善始善终 4）是否勇于克服困难	□一级：☆☆☆☆☆ □二级：☆☆☆☆ □三级：☆☆☆ □四级：☆☆
知识技能方面	1）查阅资料技能 2）实地观察记录能力 3）调查研究能力 4）整理材料能力	□一级：☆☆☆☆☆ □二级：☆☆☆☆ □三级：☆☆☆ □四级：☆☆

【知识巩固】

一、填空题

1. 空气悬架由_____、_____、_____和前后车身高度传感器等部分组成。
2. _____是主要用来衰减车身的振动。
3. 空气弹簧按照我国的分类标准有_____、_____、_____三种。
4. 车身高度传感器控制系统分为_____控制系统和_____控制系统。

二、选择题

1. 下列不属于汽车空气悬架部分的是（　　）。
   A. 空气压缩机　　　　B. 空气弹簧　　　　C. ABS 传感器　　　D. 车身高度传感器
2. 下列不是造成汽车空气悬架异响的原因有（　　）。
   A. 紧固件松动　　　　　　　　　　　B. 推力杆铰球松动
   C. 空气弹簧漏气　　　　　　　　　　D. 空气温度过高
3. 在正常情况下，更换空气悬架的空气压缩机（　　）同时更换继电器。
   A. 需要　　　　　　　　　　　　　　B. 不需要
   C. 可能需要　　　　　　　　　　　　D. 看情况而定
4. 不是汽车空气悬架无法升降的原因有（　　）。
   A. 车身高度传感器故障　　　　　　　B. 空气压缩机故障
   C. 空气弹簧漏气　　　　　　　　　　D. 发动机 ECU 故障
5. 汽车空气悬架的主要作用是（　　）。
   A. 实现车身高度的自动调节　　　　　B. 减少对道路的磨损量
   C. 高速转弯时减小车身的侧倾　　　　D. 防止汽车在雨天侧滑

三、判断题

1. 空气悬架的工作原理就是利用空气压缩机形成压缩空气，并通过压缩空气来调节汽车的离地高度。（　　）
2. 当在高速行驶时，空气悬架变软来提高车身的稳定性。（　　）
3. 与传统钢制悬架相比，空气悬架具有很多优势，最重要的一点就是弹簧的弹性系数能根据需要自动调节。（　　）
4. 低速行驶时，车身高度自动升高，确保良好的高速行驶稳定性。（　　）
5. 在不平的路面，空气悬架会变软来适应路面的不同状况，提高舒适性。（　　）

汽车底盘检测与维修一体化教程

任务六
轮胎胎压传感器的检测与更换

【任务描述】

一辆宝骏汽车在正常行驶和停车过程中,仪表台的胎压警告灯一直亮着,经过4S店的维修技师检查,发现全部轮子的胎压符合该车的胎压标准,轮胎外表无任何破损和漏气,判断轮胎胎压传感器有故障。为了排除故障需要对轮胎胎压传感器进行检测与更换。

【学习目标】

1. 能根据维修工单,明确任务内容与要求,并能与组员沟通,合理分配任务;
2. 能叙述轮胎胎压传感器的作用、安装位置和工作原理;
3. 能叙述轮胎胎压传感器的检测方法和更换方法;
4. 能准确查阅维修手册,确定轮胎胎压传感器相关检测内容、流程与规范,记录相关信息;
5. 能正确选择和使用工具、量具;
6. 能规范进行相应作业项目的自检,并填写作业表;
7. 能严格认真执行"6S"管理规定;
8. 能严格遵守职业道德,具备吃苦耐劳、爱岗敬业的工作态度和职业责任感。

【学习重点】

1. 汽车轮胎胎压传感器的作用、安装位置和工作原理;
2. 汽车轮胎胎压传感器的检测与更换。

【学习难点】

汽车轮胎胎压传感器的检测与更换。

【知识准备】

一、汽车轮胎胎压传感器的组成和安装位置

1. 汽车轮胎胎压传感器的组成

汽车轮胎胎压传感器由内嵌的气压检测装置、无线发送装置和长寿命电池单元组成,如图3-78所示。

2. 汽车轮胎胎压传感器的安装位置

1)内置式轮胎胎压传感器安装于轮胎内气门嘴的位置。

项目三 汽车行驶系统检测与维修

2）外置式轮胎胎压传感器安装在轮胎外的气门嘴上。

二、汽车轮胎胎压传感器的作用

汽车轮胎胎压传感器的作用是监测汽车轮胎的内部压力和胎温，把检测到的信号发送给信号接收器。

三、汽车轮胎胎压传感器的工作原理

当汽车开动时，安装到各个轮胎的传感器通过内嵌的气压检测装置、无线发送装置和长寿命电池单元，将胎压、胎温等数据通过无线信号传输给中央接收器，报警显示器接收到数据后对胎压、胎温数据做出分析，并根据情况进行显示和警告。

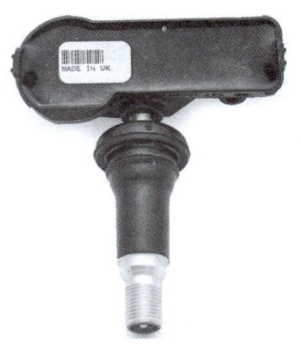

图 3-78　轮胎胎压传感器

【信息收集】

一、现场感受任务描述中的情景，把观察到的现象用几个关键词写出来。

车型：_____

故障部位：_____

故障现象：_____

二、我们的学习任务是什么？

_____

_____

_____

三、请同学们依据图 3-79 中的编号或实物，写出汽车胎压监测系统部件的名称。

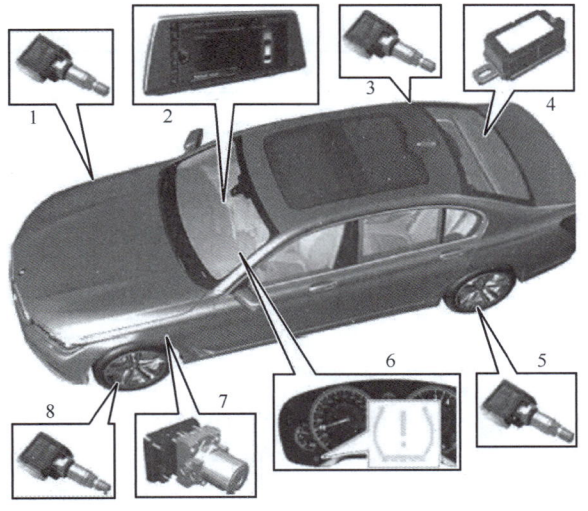

图 3-79　汽车胎压监测系统部件

151

1：_____ 2：_____ 3：_____ 4：_____
5：_____ 6：_____ 7：_____ 8：_____

四、汽车轮胎胎压传感器的作用是什么？
_____
_____
_____
_____

五、汽车轮胎胎压传感器的工作原理是什么？
_____
_____
_____

六、汽车轮胎胎压传感器的安装位置在哪？
_____
_____
_____

【制订计划】

一、小组讨论，制订轮胎胎压传感器的检测与维修计划。

1）检测方法：
_____
_____
_____

2）检测项目：
_____
_____
_____
_____
_____
_____

3）技术标准：
_____
_____
_____
_____

项目三 汽车行驶系统检测与维修

二、小组讨论，选择轮胎胎压传感器检测与维修可能用到的工具、量具，并在表3-42的选项中打"√"。

表 3-42　工具、量具对照表

序号	工具、量具名称	型号	数量	选	择
1	梅花扳手	12～14	2	□可能	□不可能
2	呆扳手	12～14	2	□可能	□不可能
3	扭力扳手	0～300	1	□可能	□不可能
4	棘轮扳手	中号	1	□可能	□不可能
5	解码仪		1	□可能	□不可能
6	胎压表		1	□可能	□不可能
7	跨接线	铜线	1	□可能	□不可能
8	测试灯		1	□可能	□不可能
9	万用表	数字式	1	□可能	□不可能
10	其他（请填写具体名称）				

三、要完成本工作任务，必须遵守哪些注意事项，请在表3-43相应的位置打"√"。

表 3-43　注意事项表

注 意 事 项	选	择
工具、量具整齐摆放不搁地	□是	□否
"零件、油、水"不落地	□是	□否
严格按照维修技术标准执行	□是	□否
严格按照要求规范操作设备	□是	□否
及时记录维修工作数据	□是	□否
维修工作完成后需要按照"6S"的要求恢复工位	□是	□否
其他		

四、小组讨论，完成任务分工并填写表3-44。

表 3-44　任务分工表

序号	组长	记录员	操作员	安全员	备注

【实施计划】

一、请结合本小组制订的检修计划，完成轮胎胎压传感器的检修作业，并完成相关信息的记录。

1. 轮胎胎压传感器的检测

1）用解码仪（图 3-80）连接汽车诊断接口，清除_____之后，然后读取轮胎胎压传感器的故障码，如一直存在故障码，则轮胎胎压传感器有故障。

完成情况：□是　　　　□否

2）使用_____读取胎压的通信信号，如有无通信、无信号的情况，更换轮胎胎压传感器后恢复正常，则为轮胎胎压传感器故障，若更换后依旧没有信号，则继续检查轮胎胎压传感器的信号接收器模块。

完成情况：□是　　　　□否

3）拆卸轮胎胎压传感器（图 3-81），检查外表是否有_____，若有，则进行更换轮胎胎压传感器。

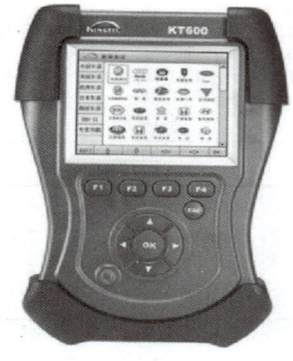

图 3-80　解码仪

图 3-81　轮胎胎压传感器

检查结果：_____
技术标准：_____
修理意见：_____

2. 轮胎胎压传感器的更换

1）准备拆卸轮胎的专用工具。

完成情况：□是　　　　□否

2）在轮胎拆卸完成后，用扳手拆下故障的轮胎胎压传感器，如图 3-82 所示。

图 3-82　拆卸轮胎胎压传感器

完成情况：□是　　　　□否

3) 安装轮胎前先在轮胎口处均匀抹上_____或其他润滑剂，然后先安装轮胎的_____，然后再安装_____，接着安装轮胎_____。

完成情况：□是　　　　□否

4) 在轮胎安装过程中，选取安装轮胎最后的切入点要离传感器有20cm的距离，这样确保触碰不到传感器，防止损坏传感器。

完成情况：□是　　　　□否

5) 进行胎压警告灯的_____（图3-83），应先接通点火开关再常压胎压监测键直到警告灯熄灭，这样就完成了胎压警告灯的清除工作。

图3-83　胎压警告灯

完成情况：□是　　　　□否

6) 对更换完轮胎胎压传感器的车轮进行_____测试，达到技术标准要求后更换完成。

　　更换结果：_____
　　技术标准：_____
　　修理意见：_____

二、本小组根据制订的计划，对轮胎胎压传感器进行检测与更换，并完成作业表3-45的填写。

表3-45　轮胎胎压传感器检测作业记录表

序号	检测项目	检测结果	技术标准	修理意见
1	轮胎胎压传感器故障码诊断			
2	轮胎胎压传感器通信信号检测			
3	轮胎胎压传感器的外部检查			

【检查与考评】

观察员根据操作员的工作过程评分，具体评分细则见表3-46。

表 3-46　轮胎胎压传感器检测考核评分记录表

姓名：_____　　班级：_____　　成绩：_____　　考核时间：30min

序号	考核内容	配分	评分标准	扣分	得分
1	正确使用工具、量具	10	使用不当酌情扣分		
2	轮胎胎压传感器故障码检测	15	检测方法错误扣 2 分		
			检测结果错误扣 2 分		
			修理意见错误扣 1 分		
3	检测轮胎胎压传感器的通信信号	15	检测方法错误扣 5 分		
			检测结果错误扣 5 分		
			修理意见错误扣 5 分		
4	检测轮胎胎压传感器的外观	10	检测方法错误扣 5 分		
			检测结果错误扣 5 分		
5	拆卸轮胎胎压传感器	10	拆卸方法错误扣 5 分		
6	装配轮胎胎压传感器	10	装配错误每处扣 2 分		
7	轮胎胎压警告灯复位	10	复位方法错误扣 2 分		
8	轮胎胎压传感器的工作原理	10	表述错误每处扣 2 分		
9	遵守安全操作规程，工具、量具、零部件不落地，操作现场整洁	5	每项扣 2 分，扣完为止		
	安全用电，防火，无人身、设备事故	5	因违规操作发生重大人身或设备事故，此题按 0 分计		
10	分数总计	100			

【评价反馈】

一、自我评价

自我评价表见表 3-47。

表 3-47　自我评价表

我做得好的地方	我还存在这些方面的问题
□动作准确	□动作不到位
□工具使用规范	□工具使用不规范
□拆装步骤熟悉	□拆装步骤不熟悉
□检测步骤熟悉	□检测步骤不熟悉
□工具摆放整齐	□工具摆放不整齐
□操作用时合理	□操作用时过长
□工作态度端正	□工作态度不够端正

二、小组评价

小组评价表见表 3-48。

项目三　汽车行驶系统检测与维修

表 3-48　小组评价表

评 价 内 容	评 价 结 果	
是否做到小组全员参与	□是	□否
是否做到小组分工明确	□是	□否
是否做到小组工作高效	□是	□否
是否发挥小组长的作用	□是	□否
是否认真、合理讲述、展示计划	□是	□否
是否使用文明用语	□是	□否
是否完成工作页或数据记录	□是	□否
是否执行"6S"管理	□是	□否

三、教师评价

教师评价表见表 3-49。

表 3-49　教师评价表

评 价 内 容	评 价 指 标	星级评定（在相应的等级打√）
活动态度方面	1）态度是否积极，是否主动组织或参与活动 2）与小组同学合作是否良好 3）活动是否认真、善始善终 4）是否勇于克服困难	□一级：☆☆☆☆☆ □二级：☆☆☆☆ □三级：☆☆☆ □四级：☆☆
知识技能方面	1）查阅资料技能 2）实地观察记录能力 3）调查研究能力 4）整理材料能力	□一级：☆☆☆☆☆ □二级：☆☆☆☆ □三级：☆☆☆ □四级：☆☆

【知识巩固】

一、填空题

1. 汽车胎压检测方式有_____、_____、_____三种。

2. 轮胎胎压传感器可以在汽车行驶过程中对轮胎气压进行实时_____，并对轮胎漏气和低气压进行报警，以确保行车安全。

3. 拥有胎压监测系统的汽车，随时可以让轮胎保持在规定的压力、温度范围内工作，从而减少轮胎损毁，_____。

4. 轮胎胎压传感器一般安装在_____上。

二、选择题

1. 下列不属于汽车轮胎胎压检测方式的是（　　）。
A. 直接式检测　　　B. 间接式检测　　　C. 转接式检测

2. 下列（　　）不是内置汽车轮胎胎压传感器的优点。
A. 可以直接检测到胎压　　　　　　　B. 可以直接检测到轮胎内部温度
C. 自带电源，使用方便　　　　　　　D. 不会受到机械性损坏

3. 在正常情况下，内置式的汽车轮胎胎压传感器不会报警（　　）。
   A. 高压　　　　　　B. 低压　　　　　　C. 高温　　　　　　D. 低温
4. 直接式的汽车轮胎胎压传感器安装于（　　）。
   A. 轮胎内部气嘴　　　　　　　　　　B. 轮辋上
   C. 轮毂边缘上　　　　　　　　　　　D. 轮胎上
5. 汽车轮胎胎压传感器的主要作用是（　　）。
   A. 控制轮胎的平稳性　　　　　　　　B. 提高汽车经济性
   C. 检测轮胎转速　　　　　　　　　　D. 检测轮胎压力温度

三、判断题

1. 轮胎性能的主要考量因素是轮胎的内部温度，轮胎内部温度过低或者过高都会影响轮胎的使用性能并且缩短其使用寿命。（　　）
2. 直接式轮胎压力监测是利用安装在轮胎上的压力传感器测量轮胎的气压，利用无线发射器将压力信息从轮胎内部发送到中央接收器模块上的系统，然后对轮胎气压数据进行显示。（　　）
3. 间接式轮胎报警系统（TPMS）实际上是依靠计算轮胎滚动半径来对气压进行监测的。（　　）
4. 当某轮胎的气压升高，该轮的滚动半径将变小，导致其转速比其他车快。（　　）
5. 轮胎气压不均匀，则会引起制动跑偏，加大悬架系统的非常规损耗。（　　）

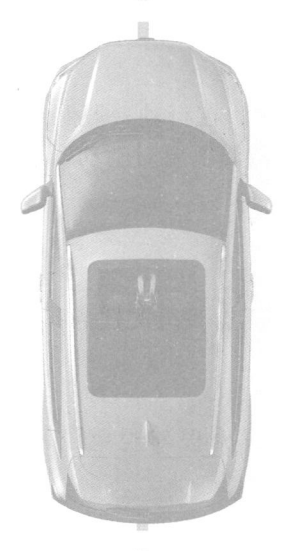

项目四

汽车制动系统检测与维修

本项目主要学习汽车制动系统零部件检测与维修的内容，其目的是让学生深入了解汽车制动系统的作用、结构及工作原理，让学生能正确进行汽车制动系统零部件的检测与维修作业，为后续汽车制动系统故障诊断与排除的学习奠定良好基础。

本项目包括以下学习任务：

任务一　盘式制动器的检测与维修

任务二　鼓式制动器的检测与维修

任务三　驻车制动装置的检查与维修

任务四　制动系统的维护

任务五　ABS 传感器的检测与更换

汽车底盘检测与维修一体化教程

任务一
盘式制动器的检测与维修

【任务描述】

一辆宝骏 630 汽车在行车时，车轮发出"嚓、嚓"摩擦异响，在行驶一段路后，制动盘温度异常升高。经检查，发现是制动器拖刹引起的。为了排除故障需要对制动器进行检测与维修。

【学习目标】

1. 能根据维修工单，明确任务内容与要求，并能与组员沟通，合理分配任务；
2. 能叙述盘式制动器的作用、结构和工作原理；
3. 能叙述汽车制动力传递路线；
4. 能准确查阅维修手册，确定盘式制动器相关检测内容、流程与规范，记录相关信息；
5. 能正确选择和使用工具、量具；
6. 能规范进行相应作业项目的自检，并填写作业表；
7. 能严格认真执行"6S"管理规定；
8. 能严格遵守职业道德，具备吃苦耐劳、爱岗敬业的工作态度和职业责任感。

【学习重点】

1. 汽车制动系统的结构，盘式制动器的作用、结构和工作原理；
2. 盘式制动器的拆装与检测。

【学习难点】

1. 盘式制动器的工作原理；
2. 盘式制动器的拆装、检测与维修。

【知识准备】

一、汽车制动系统的组成和作用

1. 汽车制动系统的组成

（1）供能装置　供能装置包括供给、调节制动所需的能量以及改善传动介质状态的各种部件。

（2）控制装置　控制装置产生制动动作和控制制动效果各种部件，如制动踏板。

项目四　汽车制动系统检测与维修

（3）传动装置　传动装置包括将制动能量传输到制动器的各个部件，如制动主缸、轮缸。

（4）制动器　制动器是产生阻碍车辆运动或运动趋势的部件，如制动鼓、制动蹄。

2. 汽车制动系统的作用

1）使行驶中的汽车按照驾驶人的要求进行强制减速甚至停车。

2）使已停驶的汽车在各种道路条件下（包括在坡道上）稳定驻车。

3）使下坡行驶的汽车速度保持稳定。

二、盘式制动器的组成及工作原理

1. 盘式制动器的组成

盘式制动器主要由制动钳总成、制动盘、制动活塞、支承架、制动块、防尘板和防尘罩等组成。

2. 盘式制动器的工作原理

制动钳体通过导向销与车桥相连，可以相对于制动盘轴向移动，制动钳只在制动盘的内侧设置油缸，而外侧的制动块附装在钳体上。制动时，来自制动主缸的液压油通过进油口进入制动油缸，推动活塞及其上的制动块向制动盘移动，并压到制动盘，于是制动盘给活塞一个向左的反作用力，使活塞连同制动钳体整体沿导向销移动，直到制动盘与制动块压紧在一起，此时两侧的制动块都压在制动盘上，夹住制动盘使其制动。

三、对制动系统的要求

1）具有良好的制动效能。

2）操纵轻便。

3）制动稳定性好。

4）制动平顺性好。

5）散热性好。

6）对于挂车的制动系统，还要求挂车的制动系统略早于主车，挂车自行拖挂时能自动进行应急制动。

【信息收集】

一、现场感受任务描述中的情景，把观察到的现象用几个关键词写出来。

车型：_____

故障部位：_____

故障现象：_____

二、我们的学习任务是什么？

_____
_____
_____
_____

三、汽车制动系统的组成包括什么？请同学们依据图4-1中的编号或实物，写出汽车制动系统部件的名称。

1：_____ 2：_____
3：_____ 4：_____
5：_____ 6：_____
7：_____ 8：_____
9：_____

四、汽车制动系统的作用是什么？

_____
_____
_____
_____
_____
_____

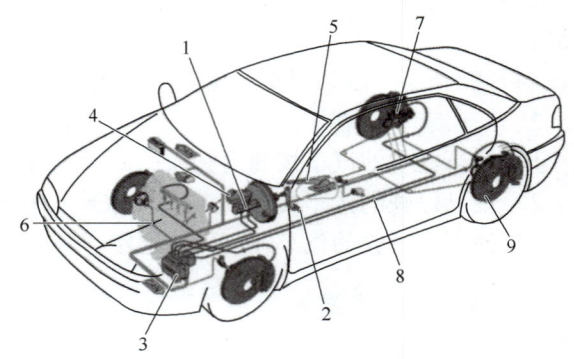

图 4-1　汽车制动系统的组成

五、盘式制动器的作用是什么？

_____
_____
_____
_____
_____
_____

六、盘式制动器的零件结构有哪些？请把图4-2中的编号填入表4-1相应的名称里。

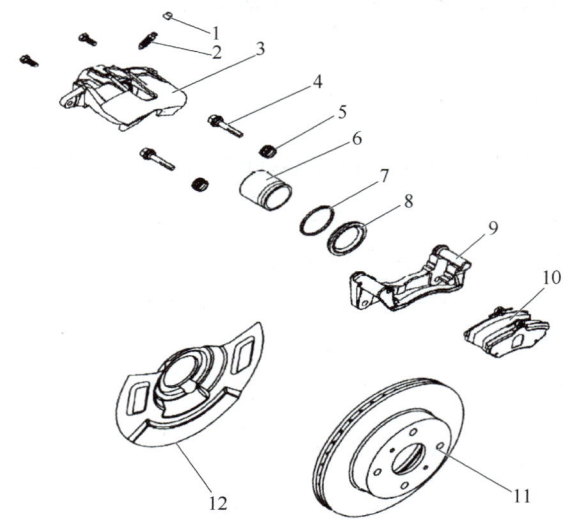

图 4-2　盘式制动器的结构

项目四 汽车制动系统检测与维修

表 4-1 盘式制动器的结构名称

编 号	名 称	编 号	名 称
1		7	
2		8	
3		9	
4		10	
5		11	
6		12	

七、盘式制动器的工作原理是什么？

八、盘式制动器的动力传动路线是怎样的？

【制订计划】

一、小组讨论，制订盘式制动器检测与维修计划。

1. 制订盘式制动器的拆装计划

1）盘式制动器拆装方法：

2）盘式制动器拆卸步骤：

3）盘式制动器装配步骤：

2. 制订盘式制动器的检测与维修计划

1）检测方法：

163

2）检测项目：

3）技术标准：

二、小组讨论，选择盘式制动器检测与维修可能用到的工具、量具，并在表4-2的选择项中打"√"。

表4-2　工具、量具对照表

序号	工具、量具名称	型号	数量	选	择
1	梅花扳手	12～14	2	□可能	□不可能
2	呆扳手	12～14	2	□可能	□不可能
3	扭力扳手	0～300	1	□可能	□不可能
4	棘轮扳手	中号	1	□可能	□不可能
5	套筒	12	1	□可能	□不可能
6	套筒	14	1	□可能	□不可能
7	套筒	17	1	□可能	□不可能
8	游标卡尺	0～150mm	1	□可能	□不可能
9	百分表	0～3	1	□可能	□不可能
10	其他（请填写具体名称）				

项目四　汽车制动系统检测与维修

三、要完成本工作任务，必须遵守哪些注意事项，请在表 4-3 中相应的位置打"√"。

表 4-3　注意事项表

注意事项	选	择
工具、量具整齐摆放不搁地	□是	□否
"零件、油、水"不落地	□是	□否
严格按照维修技术标准执行	□是	□否
严格按照要求规范操作设备	□是	□否
及时记录维修工作数据	□是	□否
维修工作完成后需要按照"6S"的要求恢复工位	□是	□否
其他		

四、小组讨论，完成任务分工并填写表 4-4。

表 4-4　任务分工表

序号	组长	记录员	操作员	安全员	备注

【实施计划】

一、请结合本小组制订的计划，对盘式制动器总成进行拆卸，并完成相关信息的记录。

1. 用_____对角拧松车轮固定螺母。

完成情况：□是　　　　□否

2. 举升并妥善支承车辆。

完成情况：□是　　　　□否

3. 拆卸_____。

完成情况：□是　　　　□否

4. 拆卸_____固定架的下螺栓。

完成情况：□是　　　　□否

5. 向_____拔出制动钳活塞壳体。

完成情况：□是　　　　□否

6. 拆卸制动_____。

完成情况：□是　　　　□否

7. 拆卸制动钳总成固定架的_____螺栓。

完成情况：□是　　　　□否

8. 用_____把制动卡钳挂在螺旋弹簧上。

完成情况：□是　　　　□否

二、请结合本小组制订的计划，对盘式制动器进行装配，并完成相关信息的记录。

1. 仅在制动钳托架的制动片构件接合面处涂抹一层薄薄的高温硅制动润滑剂，安装制动片固定弹簧，如图4-3所示。

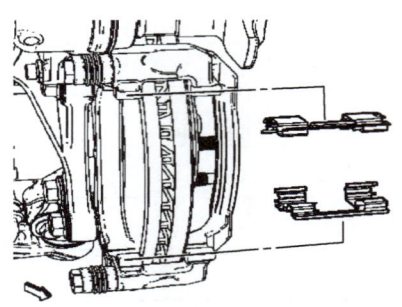

图4-3　安装制动片固定弹簧

完成情况：□是　　　　□否

2. 将_____安装至制动钳托架，如图4-4所示。

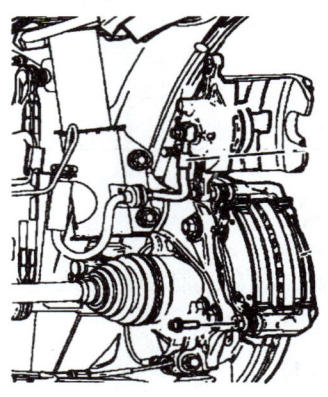

图4-4　制动钳安装图

完成情况：□是　　　　□否

3. 拆下支架并_____重新放置越过制动片至制动钳托架，确保导向销螺栓护套被压紧。

完成情况：□是　　　　□否

4. 安装导向销螺栓并紧固至_____N·m。

完成情况：□是　　　　□否

5. 安装_____总成。

完成情况：□是　　　　□否

6. 降下_____。

完成情况：□是　　　　□否

三、请结合本小组制订的检修计划，完成盘式制动器零部件的检修作业，并完成相关信息的记录。

1. 摩擦片表面检查_____

　　检查结果：_____

　　技术标准：_____

　　修理意见：_____

2. 摩擦片厚度的检查，使用游标卡尺测量_____的厚度为_____ mm，标准厚度为_____ mm，如图4-5所示。

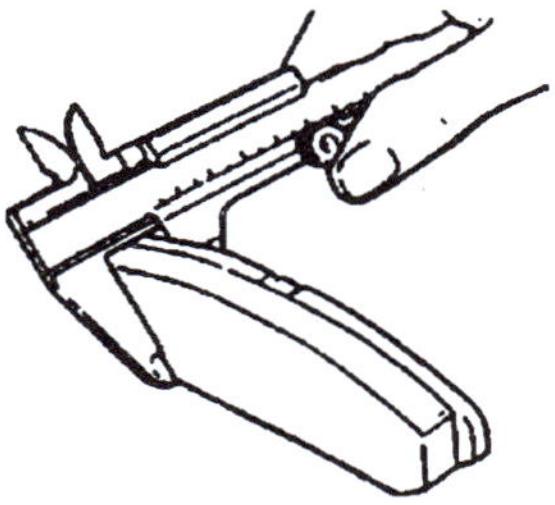

图4-5　摩擦片厚度的测量

　　检查结果：_____

　　技术标准：_____

　　修理意见：_____

3. 制动盘表面检查_____

　　检查结果：_____

　　技术标准：_____

　　修理意见：_____

4. 制动盘厚度的检查

用外径千分尺检查制动盘厚度，标准厚度为_____ mm，使用极限为_____ mm。制动盘厚度检测程序如下：

　　1)_____制动盘表面。

　　2) 在距制动盘边缘向内_____ mm的圆周上，均布地选取_____个点，用外径千分尺测量制动盘的_____。制动盘的厚度应不小于_____ mm，如超过此值应_____制动盘，如图4-6所示。

　　检查结果：_____

　　技术标准：_____

　　修理意见：_____

5. 用_____测量制动盘轴向圆跳动量，标准轴向圆跳动量为_____ mm。检测程序如下：

　　1)_____轮毂法兰表面。

　　2) 定位_____，并用手扶住。

　　3) 装上_____个对角的车轮_____，并紧固至制动盘与轮毂法兰表面_____

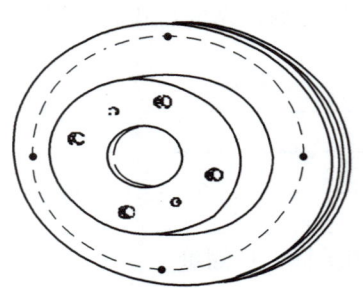

图 4-6　制动盘厚度的测量

贴合。

　　4）清洁_____表面。

　　5）固定百分表，将_____接触在距制动盘边缘向内 10mm 的圆周上，如图 4-7 所示。

　　6）将百分表调_____。

　　7）缓慢转动车轮_____圈，测量制动盘轴向圆跳动量，测量值应不大于 0.05mm，如超过此值，排除车轮轴承问题后，应更换_____。

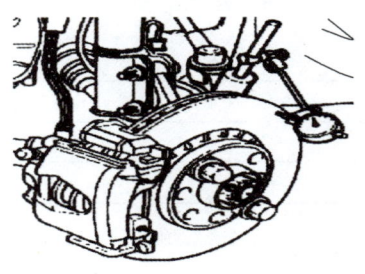

图 4-7　制动盘轴向圆跳动量的检测

　　检查结果：_____
　　技术标准：_____
　　修理意见：_____

四、根据盘式制动器零部件的检修及信息记录，汇总填写检测作业记录表 4-5。

表 4-5　盘式制动器检测作业记录表

序号	检测项目	检测结果	技术标准	修理意见
1	检测摩擦片的厚度			
2	检测制动盘的厚度			
3	检测制动盘轴向圆跳动量			

项目四　汽车制动系统检测与维修

【检查与考评】

观察员根据操作员的工作过程评分，具体评分细则见表4-6。

表4-6　盘式制动器检测考核评分记录表

姓名：_____　班级：_____　成绩：_____　考核时间：30min

序号	考 核 内 容	配分	评 分 标 准	扣分	得分
1	正确使用工具、量具	10	使用不当酌情扣分		
2	正确拆卸盘式制动器总成	15	拆卸错误每处扣2分		
3	检测摩擦片的厚度	5	检测方法错误扣2分		
			检测结果错误扣2分		
4	检测制动盘的厚度	15	检测方法错误扣3分		
			检测结果错误扣3分		
5	检测制动盘轴向圆跳动量	20	检测方法错误扣3分		
			检测结果错误扣3分		
6	装配盘式制动器总成	15	装配错误每处扣3分		
7	盘式制动器动力传动路线	10	表述错误每处扣3分		
8	遵守安全操作规程，工具、量具、零部件不落地，操作现场整洁	5	每项扣2分，扣完为止		
	安全用电、防火、无人身、设备事故	5	因违规操作发生重大人身或设备事故，此题按0分计		
9	分数总计	100			

【评价反馈】

一、自我评价

自我评价表见表4-7。

表4-7　自我评价表

我做得好的地方	我还存在这些方面的问题
□动作准确	□动作不到位
□工具使用规范	□工具使用不规范
□拆装步骤熟悉	□拆装步骤不熟悉
□检测步骤熟悉	□检测步骤不熟悉
□工具摆放整齐	□工具摆放不整齐
□操作用时合理	□操作用时过长
□工作态度端正	□工作态度不够端正

二、小组评价

小组评价表见表4-8。

表4-8　小组评价表

评 价 内 容	评 价 结 果	
是否做到小组全员参与	□是	□否
是否做到小组分工明确	□是	□否
是否做到小组工作高效	□是	□否
是否发挥小组长的作用	□是	□否
是否认真、合理讲述、展示计划	□是	□否
是否使用文明用语	□是	□否
是否完成工作页或数据记录	□是	□否
是否执行"6S"管理	□是	□否

三、教师评价

教师评价表见表4-9。

表4-9　教师评价表

评 价 内 容	评 价 指 标	星级评定（在相应的等级打√）
活动态度方面	1）态度是否积极，是否主动组织或参与活动 2）与小组同学合作是否良好 3）活动是否认真、善始善终 4）是否勇于克服困难	□一级：☆☆☆☆☆ □二级：☆☆☆☆ □三级：☆☆☆ □四级：☆☆
知识技能方面	1）查阅资料技能 2）实地观察记录能力 3）调查研究能力 4）整理材料能力	□一级：☆☆☆☆☆ □二级：☆☆☆☆ □三级：☆☆☆ □四级：☆☆

【知识巩固】

一、填空题

1. 汽车常规制动系统的常见故障有_____、_____、_____、_____和_____。

2. 制动系统按功用可分为_____、_____、_____、_____和_____。

二、选择题

1. 汽车制动时，制动力的大小取决于（　　）。
   A. 汽车的载重质量　　　　　　　　B. 制动力矩
   C. 汽车的车速　　　　　　　　　　D. 轮胎与地面的附着系数

2. 在结构形式、几何尺寸和摩擦系数一定时，制动器的制动力矩取决于（　　）。

A. 制动管路内的制动油压 B. 车轮与地面间的附着力
C. 轮胎的胎压 D. 轮胎与地面的摩擦力
3. 在汽车制动抱死时，路面对车轮的侧向力（　　　）。
   A. 大于零 B. 小于零 C. 等于零 D. 不一定
4. 在汽车制动时，如果只是前轮抱死滑移而后轮还在滚动，则汽车可能（　　　）。
   A. 失去转向性能 B. 甩尾 C. 正常转向 D. 掉头
5. 驻车制动器又称为（　　　）。
   A. 行车制动器 B. 手制动器
   C. 脚制动器 D. 以上答案都不对
6. ABS 将车轮滑移率保持在（　　　）的范围内，以获得最佳制动效果。
   A. 0～10% B. 10%～20% C. 20%～30% D. 30%～40%
7. 没有装 ABS 的汽车在紧急制动时，地面上（　　　）。
   A. 可能留下拖印 B. 没有任何印迹
   C. 可能有断续的拖印 D. 可能留下压印
8. ABS 的主要优点是（　　　）。
   A. 制动距离短 B. 制动效能好，制动时方向的稳定性好
   C. 轮胎磨损少 D. 制动力分配合理
9. 制动时汽车跑偏的根本原因是（　　　）。
   A. 左右车轮制动力不相等 B. 前束值不适当
   C. 路面附着力左右不一致 D. 制动时车轮抱死
10. 任何一辆汽车都必须具有行车制动系统和（　　　）。
    A. 应急制动系统 B. 驻车制动系统
    C. 第二制动系统 D. 辅助制动系统

三、判断题

1. 汽车 ABS 可以提高汽车制动时的方向稳定性。（　　）
2. 汽车 ABS 出现故障，ABS 警告灯会亮。（　　）
3. 汽车制动距离指在一定速度下，驾驶人踩下制动踏板开始到停车为止，汽车驶过的距离。（　　）
4. 盘式制动器不比鼓式制动器制动性能好。（　　）
5. 盘式制动器装配完成后，直接加注制动液就可以使用。（　　）
6. 更换盘式制动器的制动油缸后，需要进行制动系统排气处理。（　　）
7. 制动盘磨损严重、出现变形时，需要进行制动盘的更换。（　　）
8. 盘式制动器出现拖刹现象可能是制动管路里有空气引起的。（　　）
9. 制动盘出现刮痕，需要更换制动盘。（　　）
10. 制动盘出现刮痕，需要更换摩擦片。（　　）

任务二
鼓式制动器的检测与维修

【任务描述】

一辆宝骏 630 汽车在下坡踩制动的时候,发现汽车没有明显的减速。经检查,发现是鼓式制动器打滑所引起的故障。为了排除故障需要对鼓式制动器进行检测与维修。

【学习目标】

1. 能根据维修工单,明确任务内容与要求,并能与组员沟通,合理分配任务;
2. 能叙述鼓式制动器的作用、结构和工作原理;
3. 能叙述汽车制动力传递路线;
4. 能准确查阅维修手册,确定鼓式制动器相关检测内容、流程与规范,记录相关信息;
5. 能正确选择和使用工具、量具;
6. 能规范进行相应作业项目的自检,并填写作业表;
7. 能严格认真执行"6S"管理规定;
8. 能严格遵守职业道德,具备吃苦耐劳、爱岗敬业的工作态度和职业责任感。

【学习重点】

1. 汽车制动系统的结构,鼓式制动器的作用、结构和工作原理;
2. 鼓式制动器的拆装与检测。

【学习难点】

1. 鼓式制动器的工作原理;
2. 鼓式制动器的拆装、检测与维修。

【知识准备】

一、鼓式制动器的组成及工作原理

1. 鼓式制动器的组成

鼓式制动器主要由底板、制动鼓、制动蹄、轮缸(制动分泵)、回位弹簧和定位销等零部件组成。

2. 鼓式制动器的工作原理

在踩下制动踏板时,脚的施力会使制动总泵内的活塞将制动油往前推去并在油路中产生压力。油压经由制动油管传送到每个车轮的制动分泵活塞,制动分泵的活塞再推动制动蹄向外张开，使制动蹄与制动鼓的内面发生摩擦，并产生足够的摩擦力降低车轮的转速，以达到制动的目的。

二、制动系统的分类

按制动系统的作用分为行车制动系统、驻车制动系统、应急安全制动系统和辅助制动系统。
1）行车制动系统。用以使行驶中的汽车降低速度甚至停车的制动系统。
2）驻车制动系统。用以使已停驶的汽车驻留原地不动的制动系统。
3）应急安全制动系统。在行车制动系统失效的情况下，保证汽车仍能实现减速或停车的制动系统。
4）辅助制动系统（如排气制动）。在行车过程中，辅助制动系统降低车速或保持车速稳定，但不能将车辆紧急制停的制动系统。

【信息收集】

一、现场感受任务描述中的情景，把观察到的现象用几个关键词写出来。
车型：
故障部位：
故障现象：

二、我们的学习任务是什么？

三、鼓式制动器的作用是什么？

四、鼓式制动器的零件结构包括什么？请把图4-8中的编号填入表4-10相应的名称里。

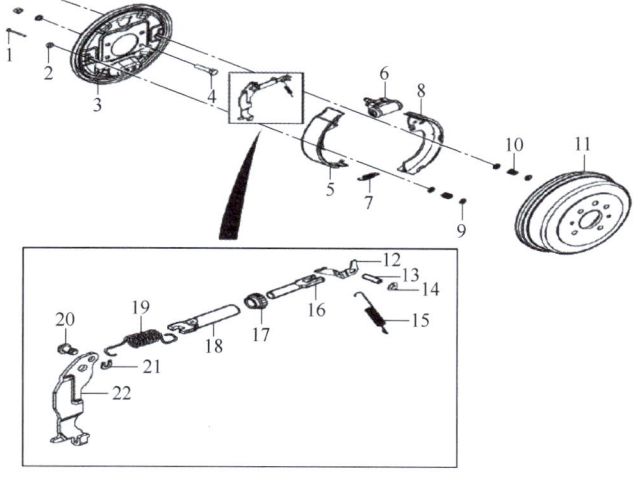

图4-8 鼓式制动器的结构图

表 4-10　鼓式制动器零件名称

编　号	名　　称	编　号	名　　称
1		12	
2		13	
3		14	
4		15	
5		16	
6		17	
7		18	
8		19	
9		20	
10		21	
11		22	

五、鼓式制动器的工作原理是什么？

【制订计划】

一、小组讨论，制订鼓式制动器检测与维修计划。

1. 制订鼓式制动器的拆装计划

1）鼓式制动器拆装方法：

2）鼓式制动器拆卸步骤：

3）鼓式制动器装配步骤：

2. 制订鼓式制动器的检测与维修计划

1）检测方法：

2）检测项目：

3）技术标准：

二、小组讨论，选择鼓式制动器检测与维修可能用到的工具、量具，并在表4-11的选择项中打"√"。

表4-11　工具、量具对照表

序号	工具、量具名称	型　　号	数量	选	择
1	梅花扳手	12～14	2	□可能	□不可能
2	呆扳手	12～14	2	□可能	□不可能
3	扭力扳手	0～300	1	□可能	□不可能
4	棘轮扳手	中号	1	□可能	□不可能
5	套筒	12	1	□可能	□不可能
6	套筒	14	1	□可能	□不可能
7	套筒	17	1	□可能	□不可能
8	游标卡尺	0～150mm	1	□可能	□不可能
9	百分表	0～3	1	□可能	□不可能
10	其他（请填写具体名称）				

三、要完成本工作任务，必须遵守哪些注意事项，请在表4-12中相应的位置打"√"。

表4-12　注意事项表

注　意　事　项	选	择
工具、量具整齐摆放不搁地	□是	□否
"零件、油、水"不落地	□是	□否

(续)

注 意 事 项	选　　择	
严格按照维修技术标准执行	□是	□否
严格按照要求规范操作设备	□是	□否
及时记录维修工作数据	□是	□否
维修工作完成后需要按照"6S"的要求恢复工位	□是	□否
其他		

四、小组讨论，完成任务分工并填写表4-13。

表4-13　任务分工表

序号	组长	记录员	操作员	安全员	备注

【实施计划】

一、请结合本小组制订的计划，对鼓式制动器进行拆卸，并完成相关信息的记录。

1. 使用普通扭力扳手_____车轮紧固螺母。

完成情况：□是　　　　□否

2. 再_____车辆。

完成情况：□是　　　　□否

3. 拆下后车轮及轮胎。

完成情况：□是　　　　□否

4. 完全释放_____。

完成情况：□是　　　　□否

5. 拆下_____。如果制动鼓拆卸困难，请执行以下步骤：

1）在制动鼓两个_____上装上两个螺栓。

2）_____旋进此两个螺栓，直至将制动鼓顶出。

3）拆下两个螺栓。

完成情况：□是　　　　□否

6. 拆卸拉紧弹簧，如图4-9所示。

完成情况：□是　　　　□否

7. 用钳子将制动蹄靠背弹簧压下旋转_____°后取出，如图4-10所示。

完成情况：□是　　　　□否

8. 取出后制动蹄小弹簧及驻车制动操纵杆拉索，把制动从蹄及驻车制动操纵杆整个取出（图4-11）。

完成情况：□是　　　　□否

项目四 汽车制动系统检测与维修

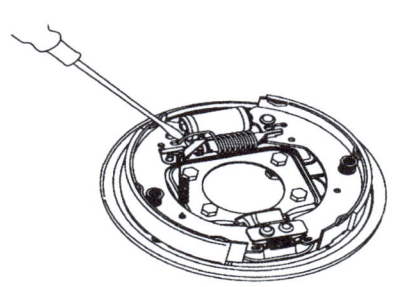

图4-9 拆卸拉紧弹簧

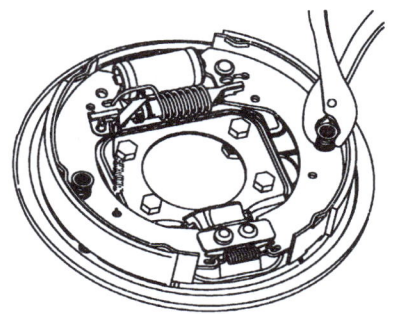

图4-10 拆卸靠背弹簧

9. 用_____取出开口挡圈，从销轴中取出驻车制动操纵杆及后制动从蹄（图4-12）。
完成情况：□是　　　　□否

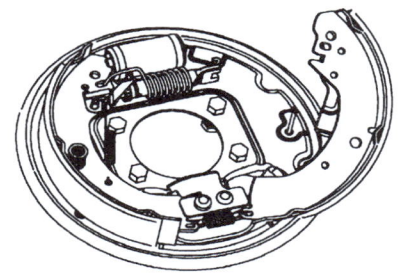

图4-11 拆卸制动蹄

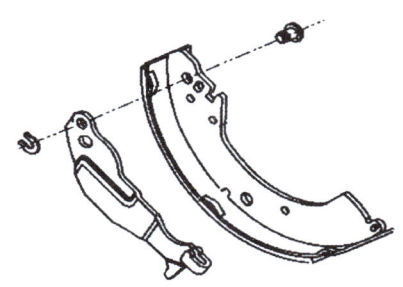

图4-12 分离驻车制动操纵杆

10. 将销轴从制动领蹄中敲出（图4-13），并从制动蹄孔中取出拉紧弹簧，取出后制动领蹄。

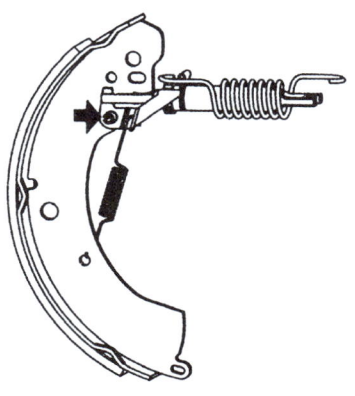

图4-13 拆卸销轴

完成情况：□是　　　　□否

二、请结合本小组制订的计划，对鼓式制动器进行装配，并完成相关信息的记录。

1. 清洁制动_____表面。
完成情况：□是　　　　□否

2. 安装_____，并用销轴连接制动领蹄和自调机构。

完成情况：□是　　　　　　□否

3. 安装制动从蹄和_____上的开口挡圈。

完成情况：□是　　　　　　□否

4. 连接制动从蹄与制动器调整螺栓，并将制动蹄安装到_____活塞槽中。

完成情况：□是　　　　　　□否

5. 装上制动领蹄与制动从蹄连接的_____。

完成情况：□是　　　　　　□否

6. 用钳子压下外部_____，同时旋转弹簧座杆_____°，分别装上两个弹簧座杆、四个弹簧座和两个靠背弹簧。

注意：在装配调整螺栓时，要保证端部设有台阶结构一侧在制动领蹄的_____侧。

完成情况：□是　　　　　　□否

7. 安装制动蹄_____弹簧。

完成情况：□是　　　　　　□否

8. 装上_____。

完成情况：□是　　　　　　□否

9. 装上后车轮及轮胎。

完成情况：□是　　　　　　□否

10. 在举升机上降下车辆。

完成情况：□是　　　　　　□否

三、请结合本小组制订的计划，对鼓式制动器零件进行检测，并完成相关信息的记录。

1. 制动鼓的检修

1）清洁制动鼓_____表面。

2）测量制动鼓内径，制动鼓内径的极限值为_____mm，如超过此值应_____制动鼓。

3）轮鼓有无_____，若有则更换。

检查结果：_____

技术标准：_____

修理意见：_____

2. 摩擦片的检查

1）摩擦片_____不得被油严重玷污或者烧蚀，其厚度极限值不小于_____mm，若小于则更换，并检查其牢固性。

2）蹄鼓接触面检查，接触面应不小于_____%，否则应打磨_____表面。

检查结果：_____

技术标准：_____

修理意见：_____

3. 其他部件检查

制动底板应无_____，回位弹簧的自由长度不得超过标准值的_____%，不应有老化或者断裂，若有则更换。

检查结果：_____

技术标准：_____

修理意见：_____

四、根据鼓式制动器零部件的检修及信息记录，汇总填写检测作业记录表 4-14。

表 4-14 鼓式制动器检测作业记录表

序号	检测项目	检测结果	技术标准	修理意见
1	检测制动鼓内径			
2	检测摩擦片厚度			
3	检测蹄鼓接触面			

【检查与考评】

观察员根据操作员的工作过程评分，具体评分细则见表 4-15。

表 4-15 鼓式制动器检测考核评分记录表

姓名：_____ 班级：_____ 成绩：_____ 考核时间：30min

序号	考核内容	配分	评分标准	扣分	得分
1	正确使用工具、量具	10	使用不当酌情扣分		
2	正确拆卸鼓式制动器总成	15	拆卸错误每处扣 3 分		
3	检测制动鼓内径	5	检测方法错误扣 2 分		
			检测结果错误扣 2 分		
4	检测摩擦片厚度	15	检测方法错误扣 2 分		
			检测结果错误扣 2 分		
5	检测蹄鼓接触面	20	检测方法错误扣 2 分		
			检测结果错误扣 2 分		
6	装配鼓式制动器总成	15	装配错误每处扣 2 分		
7	鼓式制动器动力传动路线	10	表述错误每处扣 2 分		
8	遵守安全操作规程，工具、量具、零部件不落地，操作现场整洁	5	每项扣 2 分，扣完为止		
	安全用电、防火、无人身、设备事故	5	因违规操作发生重大人身或设备事故，此题按 0 分计		
9	分数总计	100			

【评价反馈】

一、自我评价

自我评价表见表 4-16。

表 4-16 自我评价表

我做得好的地方	我还存在这些方面的问题
□动作准确	□动作不到位
□工具使用规范	□工具使用不规范
□拆装步骤熟悉	□拆装步骤不熟悉
□检测步骤熟悉	□检测步骤不熟悉
□工具摆放整齐	□工具摆放不整齐
□操作用时合理	□操作用时过长
□工作态度端正	□工作态度不够端正

二、小组评价

小组评价表见表 4-17。

表 4-17 小组评价表

评价内容	评价结果	
是否做到小组全员参与	□是	□否
是否做到小组分工明确	□是	□否
是否做到小组工作高效	□是	□否
是否发挥小组长的作用	□是	□否
是否认真、合理讲述、展示计划	□是	□否
是否使用文明用语	□是	□否
是否完成工作页或数据记录	□是	□否
是否执行"6S"管理	□是	□否

三、教师评价

教师评价表见表 4-18。

表 4-18 教师评价表

评价内容	评价指标	星级评定（在相应的等级打√）
活动态度方面	1）态度是否积极，是否主动组织或参与活动 2）与小组同学合作是否良好 3）活动是否认真、善始善终 4）是否勇于克服困难	□一级：☆☆☆☆☆ □二级：☆☆☆☆ □三级：☆☆☆ □四级：☆☆
知识技能方面	1）查阅资料技能 2）实地观察记录能力 3）调查研究能力 4）整理材料能力	□一级：☆☆☆☆☆ □二级：☆☆☆☆ □三级：☆☆☆ □四级：☆☆

【知识巩固】

一、填空题

1. 常见的车轮制动器有_____和_____两大类。
2. 轿车一般采用混合式制动形式，即前轮_____制动，后轮_____制动。

二、选择题

1. 下列不属于汽车制动系统部分的是（　　）。
   A. 制动盘　　　　　　　　　　　　B. 离合器
   C. 驻车制动操纵杆　　　　　　　　D. 制动踏板
2. （　　）能够提高汽车制动力。
   A. 增大制动块摩擦系数　　　　　　B. 增大制动盘直径
   C. 减小离合器摩擦面单位压力　　　D. 增加汽车动力
3. 汽车制动距离与（　　）无关。
   A. 制动系统灵敏度　　　　　　　　B. 制动块与制动盘摩擦系数
   C. 车轮直径　　　　　　　　　　　D. 汽车重量
4. 汽车制动踏板位于（　　）。
   A. 离合器右边、加速踏板左边　　　B. 驾驶人右手边
   C. 离合器左边　　　　　　　　　　D. 加速踏板右边
5. 汽车制动系统的主要作用是（　　）。
   A. 保证汽车可靠停车　　　　　　　B. 保证汽车正常减速
   C. 改变汽车行驶方向　　　　　　　D. 增加车速
6. 各车轮制动蹄回位弹簧拉力相差悬殊的故障造成（　　）。
   A. 制动不灵　　B. 制动拖滞　　C. 制动噪声　　D. 制动跑偏
7. 车轮抱死时滑移率为（　　）。
   A. 50%　　　　B. 20%　　　　C. 80%　　　　D. 100%
8. 车轮不制动时滑移率为（　　）。
   A. 0　　　　　B. 20%　　　　C. 80%　　　　D. 100%
9. ABS 的主要优点是（　　）。
   A. 制动距离短　　　　　　　　　　B. 制动效能好，制动时方向的稳定性好
   C. 轮胎磨损少　　　　　　　　　　D. 制动力分配合理
10. 制动时汽车跑偏的根本原因是（　　）。
    A. 左右车轮制动力不相等　　　　　B. 前束值不适当
    C. 路面附着力左右不一致　　　　　D. 制动时车轮抱死

三、判断题

1. 鼓式制动器内径会随着使用时间的延长而变小。　　　　　　　　　　　　（　　）
2. 鼓式制动器各部件装配完毕后，只需加注制动液即可使用。　　　　　　　（　　）
3. 汽车制动距离越短，汽车的安全性能越高。　　　　　　　　　　　　　　（　　）
4. 制动鼓有小的裂纹，可以继续使用，不用更换。　　　　　　　　　　　　（　　）
5. 制动底盘有变形和出现裂纹需要更换新件。　　　　　　　　　　　　　　（　　）
6. 更换鼓式制动器的制动油缸后，需要进行制动系统排气处理。　　　　　　（　　）
7. 更换制动油缸时，沾在底板上的制动液可以用清水清洗并擦干净。　　　　（　　）
8. 鼓式制动器出现拖刹现象可能是制动管路里有空气引起的。　　　　　　　（　　）
9. 装配制动鼓时，应该清理制动鼓内表面，不应有油污。　　　　　　　　　（　　）
10. 更换新的制动鼓后，需要进行驻车制动的调节。　　　　　　　　　　　　（　　）

任务三
驻车制动装置的检查与维修

【任务描述】

一辆五菱宏光在倾斜的坡上停车，拉起驻车制动操纵杆后，驾驶人发现汽车依旧后溜滑动，经检查，发现是驻车制动装置有故障。为了排除故障需要对驻车制动器进行检测与维修。

【学习目标】

1. 能根据维修工单，明确任务内容与要求，并能与组员沟通，合理分配任务；
2. 能叙述驻车制动装置的作用、结构和工作原理；
3. 能准确查阅维修手册，确定驻车制动装置相关检测内容、流程与规范，记录相关信息；
4. 能正确选择和使用工具、量具；
5. 能规范进行相应作业项目的自检，并填写作业表；
6. 能严格认真执行"6S"管理规定；
7. 能严格遵守职业道德，具备吃苦耐劳、爱岗敬业的工作态度和职业责任感。

【学习重点】

1. 汽车驻车制动装置的作用、结构和工作原理；
2. 汽车驻车制动装置的拆装与检测。

【学习难点】

1. 驻车制动装置的工作原理；
2. 驻车制动装置的拆装、检测与维修。

【知识准备】

一、汽车驻车制动装置的组成

汽车驻车制动装置主要由驻车制动操纵杆、驻车制动器、连接两者的杠杆和拉索组成，如图4-14所示。

二、汽车驻车制动装置的作用

汽车驻车制动装置必须具有以下作用：

项目四　汽车制动系统检测与维修

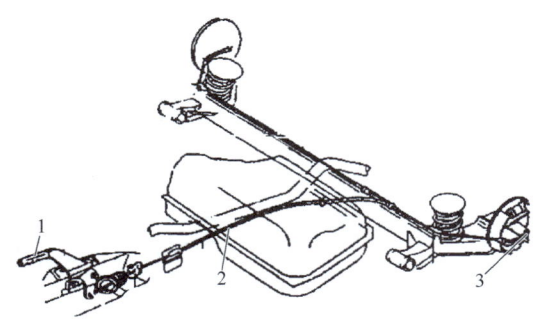

图 4-14　驻车制动装置
1—驻车制动操纵杆　2—制动拉索　3—驻车制动器

1）使车辆停驶后防止滑溜。

2）让汽车在坡道上顺利起步。

3）车辆制动效能失效后临时使用或配合行车制动器进行紧急制动。

三、汽车驻车制动装置的工作原理

1）汽车进行驻车制动时，将驻车制动操纵杆上端向后拉动，则驻车制动操纵杆的下端向前摆动，传动杆带动摇臂顺时针转动，拉杆则带动摆臂顺时针转动，凸轮轴也顺时针转动，凸轮则使两制动蹄以支承销为支点向外张开，压靠到制动鼓上，产生制动作用。

2）当驻车制动操纵杆拉到制动位置时，棘爪嵌入齿扇上棘齿内，起到锁止作用，解除制动时，按下驻车制动操纵杆上的按钮使棘爪脱离棘齿，即可解锁。

3）解除制动时，按下驻车制动操纵杆上的按钮使棘爪脱离棘齿，向前推动驻车制动操纵杆，则传动杆、拉杆、凸轮轴按逆时针方向转动，制动蹄在回位弹簧的作用下回位，制动蹄与制动鼓之间恢复制动间隙，制动解除。

【信息收集】

一、现场感受任务描述中的情景，把观察到的现象用几个关键词写出来。

车型：＿＿＿＿＿＿＿＿＿＿＿＿＿＿＿＿＿＿＿＿＿＿＿＿＿＿＿＿＿＿＿＿＿＿

故障部位：＿＿＿＿＿＿＿＿＿＿＿＿＿＿＿＿＿＿＿＿＿＿＿＿＿＿＿＿＿＿＿＿

故障现象：＿＿＿＿＿＿＿＿＿＿＿＿＿＿＿＿＿＿＿＿＿＿＿＿＿＿＿＿＿＿＿＿

二、我们的学习任务是什么？

＿＿＿＿＿＿＿＿＿＿＿＿＿＿＿＿＿＿＿＿＿＿＿＿＿＿＿＿＿＿＿＿＿＿＿＿＿＿

＿＿＿＿＿＿＿＿＿＿＿＿＿＿＿＿＿＿＿＿＿＿＿＿＿＿＿＿＿＿＿＿＿＿＿＿＿＿

三、汽车驻车制动装置的组成包括什么？请同学们依据图 4-15 中的编号或实物，写出汽车驻车制动装置部件的名称。

1：＿＿＿＿　2：＿＿＿＿　3：＿＿＿＿　4：＿＿＿＿　5：＿＿＿＿

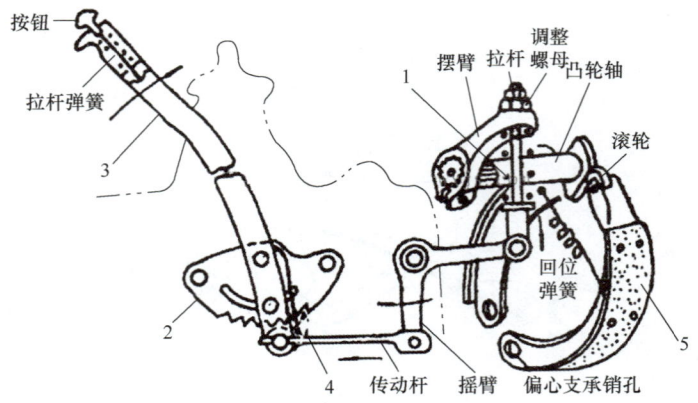

图 4-15　驻车制动装置的结构图

四、汽车驻车制动装置的作用是什么？

五、汽车驻车制动装置的工作原理是什么？

【制订计划】

一、小组讨论，制订驻车制动装置的检查与维修计划。

1）检测方法：

2）检测项目：

项目四　汽车制动系统检测与维修

3）技术标准：

_____

_____

_____

_____

_____

二、小组讨论，选择驻车制动装置检查与维修可能用到的工具、量具，并在表 4-19 的选项中打"√"。

表 4-19　工具、量具对照表

序号	工具、量具名称	型　　号	数量	选　　　择	
1	梅花扳手	10～14	1	□可能	□不可能
2	呆扳手	10～14	1	□可能	□不可能
3	棘轮扳手	中号	1	□可能	□不可能
4	尖嘴钳	中号	1	□可能	□不可能
5	螺钉旋具	一字螺钉旋具	1	□可能	□不可能
6	弹簧测力器	12～14	1	□可能	□不可能
7	其他（请填写具体名称）				

三、要完成本工作任务，必须遵守哪些注意事项，请在表 4-20 中相应的位置打"√"。

表 4-20　注意事项表

注 意 事 项	选　　　择	
工具、量具整齐摆放不搁地	□是	□否
"零件、油、水"不落地	□是	□否
严格按照维修技术标准执行	□是	□否
严格按照要求规范操作设备	□是	□否
及时记录维修工作数据	□是	□否
维修工作完成后需要按照"6S"的要求恢复工位	□是	□否
其他		

四、小组讨论，完成任务分工并填写表 4-21。

表 4-21　任务分工表

序号	组长	记录员	操作员	安全员	备注

【实施计划】

一、请结合本小组制订的检修计划，完成驻车制动装置的检修作业，并完成相关信息的记录。

1. 驻车制动装置总成的拆卸

1）拆卸_____前应做好记号（图 4-16）。

2）拆下来的_____放好，摆放整齐，如图 4-17 所示。

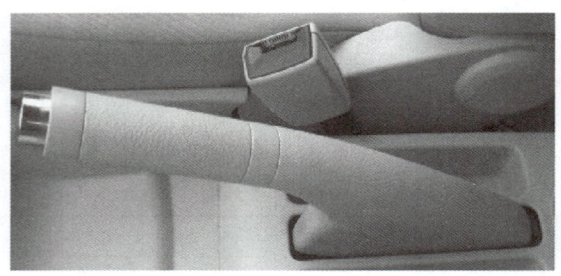

图 4-16　驻车制动操纵杆　　　　　　图 4-17　驻车制动操纵杆摆放整齐

2. 驻车制动装置的检测

1）检查连接机构是否松旷变形，变形则更换。

检查结果：_____

技术标准：_____

修理意见：_____

2）用弹簧测力计检测_____的弹力，检测弹簧是否变形。

检查结果：_____

技术标准：_____

修理意见：_____

3）检查调整螺母是否_____，如果松动则进行调整。

4）检查齿扇的齿是否滑牙（图 4-18），滑牙则更换。

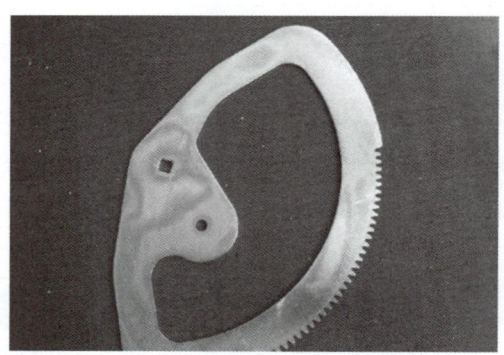

图 4-18　齿扇

检查结果：_____

技术标准：_____

修理意见：_____

项目四 汽车制动系统检测与维修

3. 驻车制动装置总成的装配

按拆卸相反的顺序即可安装驻车制动装置。

1）安装_____时，先松开调整螺母。
2）固定好传动杆和其他零件。
3）根据技术标准，调整合适的间隙。
4）完成安装。

二、本小组根据制订的计划，对驻车制动装置进行检测与维修，并完成作业表4-22的填写。

表4-22 驻车制动装置检测作业记录表

序号	检测项目	检测结果	技术标准	修理意见
1	回位弹簧的弹力检测			
2	检测连接部件是否变形松旷			
3	检测摩擦衬片与制动鼓的间隙			

【检查与考评】

观察员根据操作员的工作过程评分，具体评分细则见表4-23。

表4-23 驻车制动装置检测考核评分记录表

姓名：_____ 班级：_____ 成绩：_____ 考核时间：30min

序号	考核内容	配分	评分标准	扣分	得分
1	正确使用工具、量具	10	使用不当酌情扣分		
2	正确拆卸驻车制动装置总成	10	拆卸错误每处扣2分		
3	检测回位弹簧弹力	10	检测方法错误扣2分		
			检测结果错误扣2分		
4	检查连接结构部件	10	检测方法错误扣2分		
			检测结果错误扣2分		
5	检测摩擦衬片与制动鼓的间隙	20	检测方法错误扣5分		
			检测结果错误扣2分		
6	装配驻车制动装置总成	15	装配错误每处扣2分		
7	离合器动力传动路线	15	表述错误每处扣2分		
8	遵守安全操作规程，工具、量具、零部件不落地，操作现场整洁	5	每项扣2分，扣完为止		
	安全用电、防火、无人身、设备事故	5	因违规操作发生重大人身或设备事故，此题按0分计		
9	分数总计	100			

【评价反馈】

一、自我评价

自我评价表见表 4-24。

表 4-24 自我评价表

我做得好的地方	我还存在这些方面的问题
□动作准确	□动作不到位
□工具使用规范	□工具使用不规范
□拆装步骤熟悉	□拆装步骤不熟悉
□检测步骤熟悉	□检测步骤不熟悉
□工具摆放整齐	□工具摆放不整齐
□操作用时合理	□操作用时过长
□工作态度端正	□工作态度不够端正

二、小组评价

小组评价表见表 4-25。

表 4-25 小组评价表

评价内容	评价结果	
是否做到小组全员参与	□是	□否
是否做到小组分工明确	□是	□否
是否做到小组工作高效	□是	□否
是否发挥小组长的作用	□是	□否
是否认真、合理讲述、展示计划	□是	□否
是否使用文明用语	□是	□否
是否完成工作页或数据记录	□是	□否
是否执行"6S"管理	□是	□否

三、教师评价

教师评价表见表 4-26。

表 4-26 教师评价表

评价内容	评价指标	星级评定（在相应的等级打√）
活动态度方面	1）态度是否积极，是否主动组织或参与活动 2）与小组同学合作是否良好 3）活动是否认真、善始善终 4）是否勇于克服困难	□一级 ☆☆☆☆☆ □二级 ☆☆☆☆ □三级 ☆☆☆ □四级 ☆☆
知识技能方面	1）查阅资料技能 2）实地观察记录能力 3）调查研究能力 4）整理材料能力	□一级 ☆☆☆☆☆ □二级 ☆☆☆☆ □三级 ☆☆☆ □四级 ☆☆

项目四　汽车制动系统检测与维修

【知识巩固】

一、填空题

1. 驻车制动装置由_____、_____和_____等部分组成。
2. 驻车制动装置的作用有_____，_____，_____。
3. 常见的驻车制动操纵杆一般置于驾驶人_____位置。
4. 驻车制动装置属于_____制动系统。

二、选择题

1. 不属于汽车驻车制动装置部分的是（　　）。
   A. 拉杆弹簧　　　　B. 传动杆　　　　C. 摇臂轴弹簧　　　D. 齿扇
2. 属于驻车制动装置的作用是（　　）。
   A. 增大与地面摩擦系数　　　　　　B. 防止汽车停车时溜滑
   C. 降低汽车速度　　　　　　　　　D. 增加地面摩擦面数
3. 在松动的情况下，驻车制动装置使用（　　）。
   A. 有效　　　　　　B. 失效　　　　　C. 正常　　　　　　D. 一般
4. 汽车驻车制动装置失效的原因有（　　）。
   A. 外力撞击，导致变形　　　　　　B. 发动机动力不足
   C. 发动机润滑不良　　　　　　　　D. 制动鼓与衬片间隙太小
5. 汽车电子驻车制动装置的主要优点是（　　）。
   A. 操作简便　　　　　　　　　　　B. 驻车时间长
   C. 汽车制动简单　　　　　　　　　D. 驻车安全性强

三、判断题

1. 不得在开动汽车时拉紧驻车制动器，否则会因为过热，使后制动作用下降。（　　）
2. 进行驻车制动时，不需要向下踩住制动踏板，并向上全部拉出驻车制动操纵杆。（　　）
3. 电子驻车制动操纵杆相比机械驻车制动操纵杆稳定性高。（　　）
4. 装有自动变速器的汽车，在准备开动汽车时，不用在松开驻车制动之前先将变速杆从P（停车）位换出来。（　　）
5. 严格禁止汽车变速器在前进档或倒档时进行驻车行为。（　　）

汽车底盘检测与维修一体化教程

任务四
制动系统的维护

【任务描述】

一辆宝骏 630 汽车正常行驶，遇到障碍物后制动，驾驶人松开制动后，发现汽车依旧按照制动时的速度减速。经检查，发现是制动系统生锈所引起的故障。为了排除故障需要对制动系统进行保养。

【学习目标】

1. 能根据维修工单，明确任务内容与要求，并能与组员沟通，合理分配任务；
2. 能叙述制动系统的作用、结构和工作原理；
3. 能叙述制动系统的维护方法与步骤；
4. 能准确查阅维修手册，确定制动系统相关检测内容、流程与规范，记录相关信息；
5. 能正确选择和使用工具、量具；
6. 能规范进行相应作业项目的自检，并填写作业表；
7. 能严格认真执行"6S"管理规定；
8. 能严格遵守职业道德，具备吃苦耐劳、爱岗敬业的工作态度和职业责任感。

【学习重点】

1. 汽车制动系统的作用、结构和工作原理；
2. 制动系统的维护方法与技术标准。

【学习难点】

制动系统的维护方法与技术标准。

【知识准备】

一、制动系统需要维护的原因

制动系统是汽车的重要系统之一，它工作在一个非常恶劣的环境下，如果这个系统出现故障，随时都会有危险，所以定期要对制动系统进行检查和维护。出现制动异响、跑偏、制动力不足、制动踏板软、制动异常磨损等这些问题的根本原因有以下几点：

1）制动片正常磨损的粉末存留在制动分泵附近，长期不清理会造成异响。
2）行驶在沙石路面时，部分颗粒物会溅落在片和盘之间，造成异响或异常磨损。
3）制动片的消声片和减振片长时间不清洁润滑，会造成制动异响。

项目四　汽车制动系统检测与维修

4）分泵滑动轴的防尘套如果破损，在过水坑或泥坑时导致分泵轴锈死、分泵不归位、制动力下降、制动跑偏。

为了避免这些严重的后果，建议应经常对制动系统进行定期的清洁、润滑和维护。

二、汽车制动系统的组成

制动系统由制动总泵、助力器、制动踏板和制动器等组成，如图4-19所示。

三、汽车制动系统的作用

汽车制动系统是使行驶中的汽车按照驾驶人的要求进行强制减速甚至停车，使已停驶的汽车在各种道路条件下（包括在坡道上）稳定驻车，使下坡行驶的汽车速度保持稳定。

四、汽车制动系统的工作原理

通过制造出巨大的摩擦力，将车辆的动能转化为热能。汽车在加速过程中把化学能转化成热能和动能，制动时制动系统又将汽车的动能转化成热能散发到空气中。

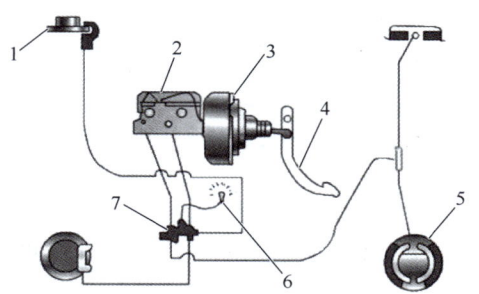

图 4-19　制动系统的组成
1—前轮盘式制动器　2—制动总泵
3—真空助力器　4—制动踏板
5—后轮鼓式制动器　6—制动灯
7—制动组合阀

【信息收集】

一、现场感受任务描述中的情景，把观察到的现象用几个关键词写出来。

车型：_____

故障部位：_____

故障现象：_____

二、我们的学习任务是什么？

_____

_____

三、汽车制动系统的组成包括什么？请同学们依据图4-20的编号或实物，写出汽车制动系统部件的名称。

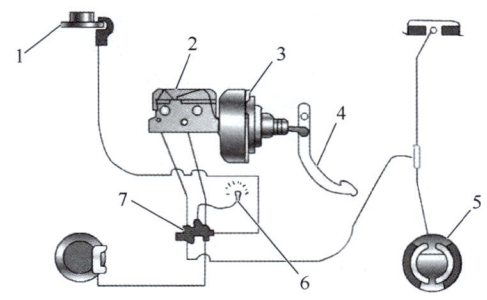

图 4-20　制动系统的组成

191

1：_____ 2：_____ 3：_____ 4：_____
5：_____ 6：_____ 7：_____

四、汽车制动系统的作用是什么？
_____
_____
_____
_____

五、汽车制动系统的工作原理是什么？
_____
_____
_____
_____

六、盘式制动器的零件结构有哪些？请根据图4-21中的编号列举名称。

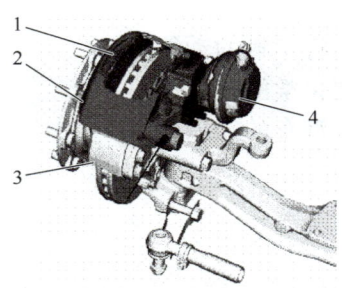

图4-21　盘式制动器的结构

1._____　2._____　3._____　4._____

七、鼓式制动器的零件结构包括什么？请根据图4-22中的编号列举名称。

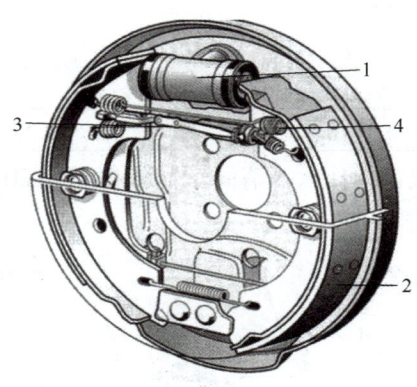

图4-22　鼓式制动器的结构

1._____　2._____　3._____　4._____

八、汽车制动系统的维护技术标准是什么？
_____

项目四　汽车制动系统检测与维修

【制订计划】

一、小组讨论，制订制动系统的检测与维护计划。

1）维护方法：

2）维护项目：

3）技术标准：

二、小组讨论，选择制动系统维护可能用到的工具、量具，并在表4-27的选项中打"√"。

表4-27　工具、量具对照表

序号	工具、量具名称	型　　号	数量	选	择
1	梅花扳手	12～14	2	□可能	□不可能
2	呆扳手	12～14	2	□可能	□不可能
3	扭力扳手	0～300	1	□可能	□不可能
4	棘轮扳手	中号	1	□可能	□不可能
5	套筒	12	1	□可能	□不可能
6	套筒	14	1	□可能	□不可能
7	制动清洗剂		1	□可能	□不可能
8	高压气枪		1	□可能	□不可能
9	除锈剂		1	□可能	□不可能
10	其他（请填写具体名称）				

三、要完成本工作任务，必须遵守哪些注意事项，请在表4-28中相应的位置打"√"。

表4-28 注意事项表

注 意 事 项	选	择
工具、量具整齐摆放不搁地	□是	□否
"零件、油、水"不落地	□是	□否
严格按照维修技术标准执行	□是	□否
严格按照要求规范操作设备	□是	□否
及时记录维修工作数据	□是	□否
维修工作完成后需要按照"6S"的要求恢复工位	□是	□否
其他		

四、小组讨论，完成任务分工并填写表4-29。

表4-29 任务分工表

序号	组长	记录员	操作员	安全员	备注

【实施计划】

一、请结合本小组制订的维护计划，完成制动系统维护作业，并完成相关信息的记录。

1）观察汽车使用何种形式的制动器（盘式或鼓式）。

完成情况：□是　　　　□否

2）拆卸车轮，观察制动盘及其轮毂周边是否有_____的现象（图4-23）。

图4-23 制动盘生锈

完成情况：□是　　　　□否

3）将_____、_____（制动鼓）和_____拆卸下来，用_____清洗制动盘表面及周边。

　　完成情况：□是　　　　□否

4）用制动清洗剂清洗制动片、制动钳内侧和制动分泵内侧。

　　完成情况：□是　　　　□否

5）用除锈剂（图 4-24）清除制动生锈部位，例如导向销部位。

　　完成情况：□是　　　　□否

图 4-24　除锈剂

6）清洗结束。

7）用_____进行清洁和吹干，并在制动器配合的导向销处用_____进行润滑。

　　完成情况：□是　　　　□否

8）安装复原，测试制动系统是否工作正常。

维护结果：_____

技术标准：_____

修理意见：_____

二、本小组根据制订的计划，对制动系统进行维护，并完成作业表 4-30 的填写。

表 4-30　制动系统维护作业记录表

序号	维护项目	维护结果	技术标准	修理意见
1	制动系统除尘			
2	制动系统除锈			
3	制动系统导向销的润滑			

【检查与考评】

观察员根据操作员的工作过程评分，具体评分细则见表 4-31。

表 4-31　制动系统检测考核评分记录表

姓名：_____　　班级：_____　　成绩：_____　　考核时间：30min

序号	考 核 内 容	配分	评 分 标 准	扣分	得分
1	正确使用工具、量具	10	使用不当酌情扣分		
2	正确拆卸制动系统	15	拆卸错误每处扣 2 分		
3	制动系统除尘	5	维护方法错误扣 2 分		
			修理意见错误扣 1 分		
4	制动系统除锈	15	检测方法错误扣 5 分		
			修理意见错误扣 5 分		
5	制动系统导向销的润滑	15	维护方法错误扣 5 分		
			修理意见错误扣 5 分		
6	检测制动系统	5	维护方法错误扣 2 分		
			修理意见错误扣 1 分		
7	装配制动系统	15	装配错误每处扣 2 分		
8	制动系统工作原理	10	表述错误每处扣 2 分		
9	遵守安全操作规程，工具、量具、零部件不落地，操作现场整洁	5	每项扣 2 分，扣完为止		
	安全用电，防火，无人身、设备事故	5	因违规操作发生重大人身或设备事故，此题按 0 分计		
10	分数总计	100			

【评价反馈】

一、自我评价

自我评价表见表 4-32。

表 4-32　自我评价表

我做得好的地方	我还存在这些方面的问题
□动作准确	□动作不到位
□工具使用规范	□工具使用不规范
□拆装步骤熟悉	□拆装步骤不熟悉
□检测步骤熟悉	□检测步骤不熟悉
□工具摆放整齐	□工具摆放不整齐
□操作用时合理	□操作用时过长
□工作态度端正	□工作态度不够端正

二、小组评价

小组评价表见表 4-33。

表4-33 小组评价表

评价内容	评价结果	
是否做到小组全员参与	□是	□否
是否做到小组分工明确	□是	□否
是否做到小组工作高效	□是	□否
是否发挥小组长的作用	□是	□否
是否认真、合理讲述、展示计划	□是	□否
是否使用文明用语	□是	□否
是否完成工作页或数据记录	□是	□否
是否执行"6S"管理	□是	□否

三、教师评价

教师评价表见表4-34。

表4-34 教师评价表

评价内容	评价指标	星级评定（在相应的等级打√）
活动态度方面	1）态度是否积极，是否主动组织或参与活动 2）与小组同学合作是否良好 3）活动是否认真、善始善终 4）是否勇于克服困难	□一级：☆☆☆☆ □二级：☆☆☆ □三级：☆☆ □四级：☆☆
知识技能方面	1）查阅资料技能 2）实地观察记录能力 3）调查研究能力 4）整理材料能力	□一级：☆☆☆☆ □二级：☆☆☆ □三级：☆☆ □四级：☆☆

【知识巩固】

一、填空题

1. 制动系统分为_____和_____两种。
2. 汽车制动系统一般由_____和_____组成。
3. 制动系统失效的原因有_____、_____、_____、_____。
4. 制动系统的作用有_____，_____，_____。

二、选择题

1. 下列不属于汽车制动系统部分的是（　　）。
   A. 导向销　　　　B. 制动分泵　　　　C. 制动液　　　　D. 除锈剂
2. 汽车制动系统（　　）km以上更换制动液。
   A. 2万　　　　　B. 5万　　　　　　C. 4万　　　　　D. 6万
3. 汽车制动系统制动时产生太多粉尘会导致（　　）。
   A. 汽车行驶速度降低　　　　　　　B. 汽车抱死侧滑
   C. 汽车制动性能下降　　　　　　　D. 汽车轮胎寿命减短

4. 汽车制动系统盘式制动的导向销生锈不会发生（　　）。
A. 制动片不能自动回位　　　　　　　B. 制动盘磨损严重
C. 汽车超车速度缓慢　　　　　　　　D. 制动片磨损严重
5. 汽车制动系统的主要作用是（　　）。
A. 提高汽车行驶稳定性　　　　　　　B. 提高汽车的经济性
C. 防止汽车抱死　　　　　　　　　　D. 防止汽车侧滑

三、判断题

1. 制动片正常磨损的粉末留在制动分泵附近，长期不对汽车制动系统进行维护会造成异响。　　　　　　　　　　　　　　　　　　　　　　　　　　　　　　　　（　　）
2. 一般在城市中正常行车，制动片的寿命是 10 万 km 左右。　　　　　　　（　　）
3. 汽车的制动效果最终都是由制动片决定的，所以保持制动片的良好状况就是制动系统最直接的维护方法。　　　　　　　　　　　　　　　　　　　　　　　　（　　）
4. 在盘山公路向下滑行时可以频繁踩制动，也可以熄火滑行。　　　　　　（　　）
5. 对制动系统的制动液的维护最主要的是保证制动液不变质。　　　　　　（　　）

项目四 汽车制动系统检测与维修

任务五
ABS 传感器的检测与更换

【任务描述】

一辆宝骏 RM5 汽车在正常的道路上行驶，前方突然遇到障碍物，驾驶人一脚踩死制动踏板，整辆汽车发生侧滑，同时车轮直接抱死无法打方向，而且仪表台的 ABS 指示灯一直亮着，经维修技师检查，发现是 ABS 传感器失效所引起的故障。为了排除故障需要对 ABS 传感器进行检测与更换。

【学习目标】

1. 能根据维修工单，明确任务内容与要求，并能与组员沟通，合理分配任务；
2. 能叙述 ABS 传感器的作用、类型和工作原理；
3. 能叙述 ABS 传感器的检测方法和更换方法；
4. 能准确查阅维修手册，确定 ABS 传感器相关检测内容、流程与规范，记录相关信息；
5. 能正确选择和使用工具、量具；
6. 能规范进行相应作业项目的自检，并填写作业表；
7. 能严格认真执行"6S"管理规定；
8. 能严格遵守职业道德，具备吃苦耐劳、爱岗敬业的工作态度和职业责任感。

【学习重点】

1. 汽车 ABS 传感器的作用、类型和工作原理；
2. 汽车 ABS 传感器的检测方法与更换方法。

【学习难点】

汽车 ABS 传感器的检测方法与更换方法。

【知识准备】

一、汽车 ABS 传感器的作用和类型

1. ABS 传感器的作用

ABS 传感器在制动时将车轮的转速反馈给制动系统，由制动系统来控制车轮有克制地转动，以达最佳制动效果。在汽车制动时，制动系统自动控制制动器制动力的大小，使车轮不被抱死，处于边滚边滑（滑移率在 20% 左右）的状态，以保证车轮与地面的附着力在最大值。

2. ABS 传感器的类型

ABS 传感器主要分为磁电式、霍尔式和光电式等类型。

二、ABS 传感器的结构

ABS 传感器又称为轮速传感器，它是感受汽车运动参数的元件，结构如图 4-25 所示。目前用于 ABS 的车轮转速传感器有磁电式和霍尔式两种。

三、ABS 传感器的工作原理

ABS 传感器（磁电式）通过与随车轮同步转动的齿圈作用，以齿轮（脉冲环）切割感应线圈磁力线方式，输出一组准正弦交流电信号，其频率和振幅与轮速有关，该输出信号传往 ABS ECU，实现对轮速的实时监控。

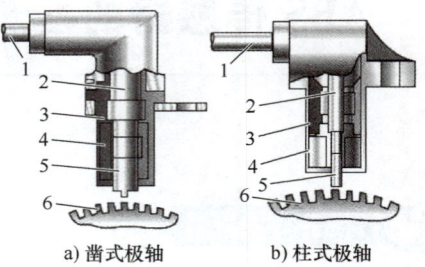

图 4-25　ABS 传感器的结构
1—电缆　2—永磁体　3—外壳
4—感应线圈　5—极轴　6—齿圈

【信息收集】

一、现场感受任务描述中的情景，把观察到的现象用几个关键词写出来。

车型：_____

故障部位：_____

故障现象：_____

二、我们的学习任务是什么？

_____

_____

三、请同学们依据图 4-26 中的编号或实物，写出 ABS 传感器的结构名称。

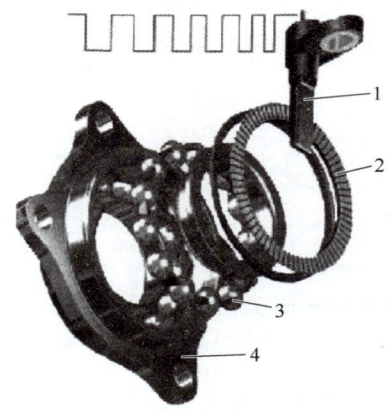

图 4-26　ABS 的组成

1：_____　2：_____　3：_____　4：_____

四、汽车 ABS 的作用是什么？

五、汽车 ABS 传感器的作用是什么？

六、ABS 传感器的类型有哪些？

【制订计划】

一、小组讨论，制订 ABS 传感器的检测与更换计划。

1）检测方法：

2）检测项目：

3）技术标准：

二、小组讨论，选择 ABS 传感器检测与更换可能用到的工具、量具，并在表 4-35 的选项中打"√"。

表 4-35　工具、量具对照表

序号	工具、量具名称	型　号	数量	选	择
1	梅花扳手	12～14	2	□可能	□不可能
2	呆扳手	12～14	2	□可能	□不可能
3	扭力扳手	0～300	1	□可能	□不可能
4	棘轮扳手	中号	1	□可能	□不可能
5	套筒	14	1	□可能	□不可能
6	螺钉旋具	一字螺钉旋具、十字螺钉旋具	1	□可能	□不可能
7	跨接线	铜线	1	□可能	□不可能
8	测试笔		1	□可能	□不可能
9	万用表	数字式	1	□可能	□不可能
10	其他（请填写具体名称）				

三、要完成本工作任务，必须遵守哪些注意事项，请在表 4-36 中相应的位置打"√"。

表 4-36　注意事项表

注 意 事 项	选	择
工具、量具整齐摆放不搁地	□是	□否
"零件、油、水"不落地	□是	□否
严格按照维修技术标准执行	□是	□否
严格按照要求规范操作设备	□是	□否
及时记录维修工作数据	□是	□否
维修工作完成后需要按照"6S"的要求恢复工位	□是	□否
其他		

四、小组讨论，完成任务分工并填写表 4-37。

表 4-37　任务分工表

序号	组长	记录员	操作员	安全员	备注

项目四　汽车制动系统检测与维修

【实施计划】

一、请结合本小组制订的检修计划，完成 ABS 传感器的检测与更换作业，并完成相关的信息记录。

1. ABS 传感器的检测

1）打开汽车的点火开关到_____档，汽车自检后 ABS 指示灯如果一直亮着（图 4-27），利用_____检测 ABS 的故障码。

完成情况：□是　　　　　□否

2）先清除解码仪的_____，然后开始检测诊断，若存在 ABS 的某个 ABS 传感器的故障码，并更换新的传感器之后故障码消除，则为该指定车轮上的 ABS 传感器故障。

完成情况：□是　　　　　□否

3）用万用表的_____检测 ABS 传感器（图 4-28）的插头到 ECU 控制模块的电路，若没有_____或者_____，则说明电路故障，需要维修电路。

图 4-27　ABS 指示灯

图 4-28　ABS 传感器的安装位置

检查结果：_____
技术标准：_____
修理意见：_____

4）拆下 ABS 传感器，用万用表的_____档位检测传感器的两个针脚（图 4-29），如果电阻在_____Ω 范围内则正常，电阻_____则为故障。

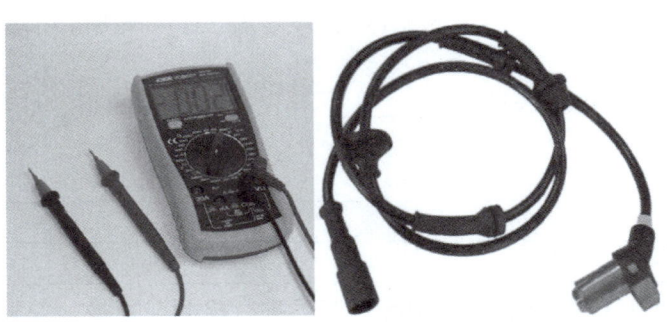

图 4-29　万用表与 ABS 传感器

检查结果：_____
技术标准：_____
修理意见：_____

5）若在不拆下 ABS 传感器的情况下，转动车轮并且用万用表的_____档检测 ABS 传感器产生的_____变化，若电压随车轮转速_____而_____，形成正比，则该 ABS 传感器正常，反之故障。

检查结果：_____
技术标准：_____
修理意见：_____

6）检查传感器的外观（图 4-30），若传感器_____和有_____，则直接更换。

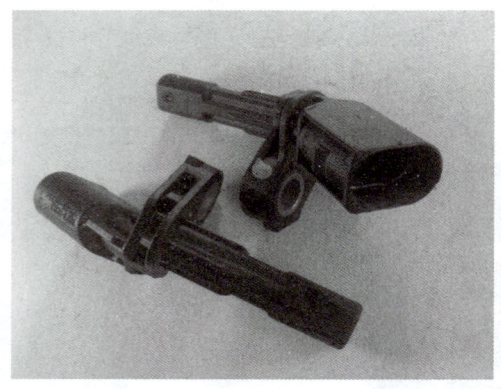

图 4-30　ABS 传感器

检查结果：_____
技术标准：_____
修理意见：_____

2. ABS 传感器的更换

1）确定好故障的_____位置，然后拆下该车轮的轮胎。

完成情况：□是　　　　□否

2）拆下故障的传感器，安装新的传感器并转动轮胎，用万用表_____档检测新的传感器是否正常工作，工作正常则接上传感器插头，然后安装好轮胎。

完成情况：□是　　　　□否

3）用解码仪检测 ABS，若没有_____，且仪表台的 ABS 指示灯自检后_____了，则更换完成。

更换结果：_____
技术标准：_____
修理意见：_____

二、本小组根据制订的计划，对 ABS 传感器进行检测与更换，并完成作业表 4-38 的填写。

项目四　汽车制动系统检测与维修

表4-38　ABS传感器检测作业记录表

序号	检测项目	检测结果	技术标准	修理意见
1	检测ABS传感器的故障码			
2	检测ABS传感器的电阻			
3	检测ABS传感器的工作电压			
4	检查ABS传感器外部			

【检查与考评】

观察员根据操作员的工作过程评分，具体评分细则见表4-39。

表4-39　ABS传感器检测考核评分记录表

姓名：_____　　班级：_____　　成绩：_____　　考核时间：30min

序号	考核内容	配分	评分标准	扣分	得分
1	正确使用工具、量具	10	使用不当酌情扣分		
2	正确拆卸ABS传感器	10	拆卸错误每处扣2分		
3	检测ABS传感器故障码	10	检测方法错误扣2分 检测结果错误扣2分 修理意见错误扣1分		
4	检测ABS传感器的电阻	20	检测方法错误扣5分 检测结果错误扣5分 修理意见错误扣5分		
5	检测ABS传感器的工作电压	20	检测方法错误扣5分 检测结果错误扣5分 修理意见错误扣5分		
6	检测ABS传感器的外观	5	检测方法错误扣2分 检测结果错误扣2分 修理意见错误扣1分		
7	装配ABS传感器	10	装配错误每处扣2分		
8	ABS传感器工作原理	5	表述错误每处扣2分		
9	遵守安全操作规程，工具、量具、零部件不落地，操作现场整洁	5	每项扣2分，扣完为止		
	安全用电，防火，无人身、设备事故	5	因违规操作发生重大人身或设备事故，此题按0分计		
10	分数总计	100			

【评价反馈】

一、自我评价

自我评价表见表 4-40。

表 4-40 自我评价表

我做得好的地方	我还存在这些方面的问题
□动作准确	□动作不到位
□工具使用规范	□工具使用不规范
□拆装步骤熟悉	□拆装步骤不熟悉
□检测步骤熟悉	□检测步骤不熟悉
□工具摆放整齐	□工具摆放不整齐
□操作用时合理	□操作用时过长
□工作态度端正	□工作态度不够端正

二、小组评价

小组评价表见表 4-41。

表 4-41 小组评价表

评价内容	评价结果	
是否做到小组全员参与	□是	□否
是否做到小组分工明确	□是	□否
是否做到小组工作高效	□是	□否
是否发挥小组长的作用	□是	□否
是否认真、合理讲述、展示计划	□是	□否
是否使用文明用语	□是	□否
是否完成工作页或数据记录	□是	□否
是否执行"6S"管理	□是	□否

三、教师评价

教师评价表见表 4-42。

表 4-42 教师评价表

评价内容	评价指标	星级评定（在相应的等级打√）
活动态度方面	1）态度是否积极，是否主动组织或参与活动 2）与小组同学合作是否良好 3）活动是否认真、善始善终 4）是否勇于克服困难	□一级：☆☆☆☆☆ □二级：☆☆☆☆ □三级：☆☆☆ □四级：☆☆
知识技能方面	1）查阅资料技能 2）实地观察记录能力 3）调查研究能力 4）整理材料能力	□一级：☆☆☆☆☆ □二级：☆☆☆☆ □三级：☆☆☆ □四级：☆☆

项目四　汽车制动系统检测与维修

【知识巩固】

一、填空题

1. ABS 由_____、_____和_____三部分组成。

2. 在制动时，ABS 根据每个_____传来的速度信号，可迅速判断出车轮的抱死状态，关闭开始抱死车轮上面常开输入电磁阀，让制动力不变。

3. ABS 的作用有提高制动的稳定性，_____，_____，提高制动时汽车转向的可操作性，_____，保证转向时方向的可控性_____，减少轮胎的磨损，提高乘坐舒适性和安全性。

4. ABS 中大多由电感传感器来监控车速，ABS 传感器通过随车轮同步转动的_____作用，输出一组_____电信号，其频率和振幅与轮速有关，该输出信号传往 ABS ECU，实现对轮速的实时监控。

二、选择题

1. 下列不属于汽车 ABS 传感器类型的是（　　）。
   A. 磁电式　　　　　B. 霍尔式　　　　　C. 光电式　　　　　D. 压力式

2. 下列（　　）检测项目不可以判断汽车 ABS 传感器的好坏。
   A. 电阻　　　　　B. 电压　　　　　C. 故障码　　　　　D. 电流

3. 车轮转动，汽车 ABS 传感器输出的电压信号属于（　　）。
   A. 交流　　　　　B. 交流与直流　　　　　C. 直流

4. 汽车 ABS 传感器安装于（　　）。
   A. 发动机与变速器之间　　　　　B. 变速器与后驱动轴之间
   C. 轮胎与轮毂之间　　　　　D. 车轮轴承与半轴之间

5. 汽车 ABS 传感器的主要作用是（　　）。
   A. 保证汽车怠速平稳　　　　　B. 制动时能够快速抱死
   C. 防止汽车抱死侧滑　　　　　D. 增加制动距离

三、判断题

1. ABS 的工作原理是依靠装在车轮上的转速传感器以及车身上的车速传感器，通过计算机对制动力进行控制。　　　　　（　　）

2. ABS 最主要的功能就是缩短制动距离。　　　　　（　　）

3. ABS 的工作过程实际上是"抱死—松开—抱死—松开"的循环工作过程，汽车轮胎始终处于临界抱死的间歇滚动状态。　　　　　（　　）

4. ABS 传感器探头与齿圈不需要清洁，传感器可照常工作。　　　　　（　　）

5. 汽车有四个 ABS 传感器，即使坏了一个也不影响汽车的长时间正常行驶。　　　　　（　　）

207

参 考 文 献

[1] 刘莉明. 汽车底盘构造与维修学习工作页 [M]. 北京：机械工业出版社，2015.
[2] 谢金红. 汽车底盘检测与维修工作页 [M]. 北京：机械工业出版社，2012.
[3] 戴庆海. 汽车底盘简单故障维修工作页 [M]. 北京：化学工业出版社，2018.
[4] 陈立凯. 汽车底盘一般故障诊断与排除工作页 [M]. 北京：化学工业出版社，2015.